이렇게 깊은 뜻이

이렇게 깊은 뜻이

지은이 · 구장회
초판 1쇄 찍은날 · 2003년 7월 10일
초판 1쇄 펴낸날 · 2003년 7월 15일
펴 낸 이 · 김승태
출판본부장 · 김춘태
편   집 · 김수미
등록번호 · 제2-1349호(1992. 3. 31)
펴낸곳 · 예영커뮤니케이션
　　　　110-616 서울 광화문우체국 사서함 1661
　　　　출판유통사업부 T. (02)766-7912 F. (02)766-8934 E-mail: jeyoungsales@chollian.net
　　　　출판사업부 T. (02)766-8931 F. (02)766-8934 E-mail: jeyoungedit@chollian.net

ISBN 89-8350-275-4　　　(03230)

copyright ⓒ 2003, 구장회

값 7,000 원

이렇게 깊은 뜻이

구장회 지음

예영커뮤니케이션

머리글

지난 60년 동안 오직 하나님의 은혜로 살아왔습니다. 다른 말로는 표현할 것이 없습니다. 파란만장한 생애를 살아오면서 하나님의 크신 은혜를 수없이 체험하며 살고 있습니다. 그러면서도 때로는 하나님의 깊은 섭리를 깨닫지 못해서 머리를 갸우뚱하며 그 선하신 역사에 의문점을 가진 때가 한두 번이 아니었습니다. 참으로 미련하기 짝이 없습니다. 신앙생활 하면서 혼자 수없이 많이 중얼거린 두 종류의 말이 있습니다.

* 부정적인 말 - **"어쩌면 이럴 수가!" "하나님은 참으로 이상하셔!"**
* 긍정적인 말 - **"그러면 그렇지!" "이렇게 깊은 뜻이…."**

나에게 전개되는 상황이 마음에 들지 않고 고통스러울 때에는 하나님께서 하시는 일에 의문점을 갖기도 했습니다. 그러다가 나중에서야 나를 축복하시기 위해서 모든 것을 계획하신 하나님의 깊은 사랑을 깨닫게 되어 "할렐루야!"로 하나님을 찬양하며, 동시에 하나님의 깊은 뜻을 깨닫지 못한 나의 미련함을 주님께 회개한 적도 한두 번이 아니었습니다.

하나님의 깊은 뜻을 이해하는 데 걸리는 시간이 어떤 때는 0.5초도 걸리지 않을 때도 있지만, 어떤 때는 1년도 걸리고 10년도 걸리고, 그 이상 걸리는 때도 있었습니다. 인간은 참으로 미련합니다. 우리가 깨닫지 못해서 그렇지, 하나님이 나를 향해 이루시는 역사는 100% 선한 역사입니다. 나를 축복하시기 위한 하나님의 시간표와 일정표는 억만 분의 1의 오차도 없이 그대로 진행되고 있습니다.

그러므로 요셉과 같이 '모든 것을 선으로 바꾸시는 하나님'(창 50:20)이라는 신앙과, 바울 사도의 고백처럼 하나님의 축복은 '만사형통의 축복'(롬 8:28)임을 믿는 자가 참으로 지혜로운 자요 복 있는 자입니다.

목회를 하면서 순간순간 하나님의 깊은 뜻을 깨닫고 감격한 적이 너무 많지만 그 중에 일부를 기록했습니다. 목사가 된 이후에 목회 현장에서 이루어진 하나님의 사랑의 역사와 나의 미련했던 순간 일부분을 기록하면서 연출자 하나님의 묘한 역사를 간증하려고 합니다. 하나님의 역사가 묘하게 진행되는 동안 미련하여 깨닫지 못했던 내가 나중에서야 주님의 깊은 사랑을 깨닫고 외친 말을 책의 제목으로 삼았습니다.

"그러면 그렇지!"

"이렇게 깊은 뜻이!"

나와 같이 미련하여 하나님의 뜻을 깨닫지 못하고 원망 불평하며 실망하는 자가 있을 것입니다. 그렇다면 속히 하나님의 깊은 사랑의 역사를 감지하여 한시라도 빨리 미련한 자리에서 벗어나 지혜로운 자리로 옮겨 가기를 바랍니다. 이런 역사가 일어나는 데 이 책이 도움이 되었으면 하는 마음 간절합니다. 이 작은 책이 읽는 독자에게는 은혜가 되고 하나님께는 영광이 되는 책, 살아서 움직이는 책이 되기를 바랄 뿐입니다.

한 가지 분명한 것은 주님께 영광을 돌리고자 하는 이유보다 더 큰 이유는 결코 없습니다.

청풍명월의 고장 청주에서,

구장회 목사

목차

1장
재개척의 현장에서

강단 위의 꽃 한 송이
장로의 이명을 거절하고
귀를 막아 주신 성령님
하나님 살아 계세요!
예배 5분 전에 홀딱 타 버린 눈썹

■■■ 재개척의 현장에서

강단 위의 꽃 한 송이

1995년 5월 1일, 2년 5개월 동안의 서문교회 부목사 생활을 마치고 내덕교회 담임 목사로 부임하였다. 무너진 제단을 수축하라는 하나님의 지시를 받고 재개척의 사명을 띠고 부임을 했다. 내덕교회에 가서 새 역사를 전개하면, 하나님께서 함께하셔서 교회를 안정시키고 부흥시켜 주실 것이라는 계시를 기도 중에 받고 왔기 때문에 미래에 소망을 가진 것은 사실이지만, 내덕교회에 와서 내 마음에 또 한 가지 소망을 갖게 하는 것이 있었다.

강단에 꽂혀 있는 생화 한 송이였다. 예배당 건물은 시멘트 벽돌로 지은 27평짜리 건물로, 페인트칠도 되어 있지 않은 상태였다. 꼭 겉모습이 전도관처럼 지어져 있었다. 예배당 안은 침침했고, 강대 위의 의자들은 학생들이 공부할 때 앉는 의자로서 6시 10분처럼 옆으로 휘어져 있었다. 조금만 몸집이 큰 사람이 앉으면 금방 부서질 것처럼 망가져 있었다. 신자들이 앉는 의자는 초등부 학생들이 앉을

법한 작고 긴 의자로, 19세기의 것처럼 낡아 있었다. 의자 다리가 균형을 잡지 못해 조금만 건드려도 제멋대로 움직이며 삐걱 소리를 냈다. 10개의 긴 의자가 민방위 훈련병들이 모여 서 있듯이 제멋대로 대충 정렬을 하고 서 있었다.

'그 동안 여기서 어떻게 예배를 드렸을까?' 하는 의심이 생길 정도로 몇 달 사용하지 않은 창고처럼 먼지가 뿌옇게 앉은 상태였다. 참으로 한심하게 느껴질 정도였는데, 오직 하나가 내 마음을 감동시켰다. 그 하나가 나에게 생기를 주고 소망을 안겨 주었다. 누가 꽂아 놓았는지는 알 수 없지만 생화 한 송이가 강단에 꽂혀 있는 것이었다.

강단 위에 홀로 존재하며 향기를 발하는 꽃 한 송이, 누가 꽂아 놓았을까? 그 동안 교회는 수난을 많이 겪어 왔다. 전임 목회자와 성도들 간에 말 못할 불화가 생겨서 대부분의 교인들이 몰려나가 별도로 예배를 드리고 있거나 다른 교회에 임시로 나가고 있었다. 남은 신자들이 거의 없어 교회 문을 닫게 된 상태에서 내가 부임하게 된 것인데, 이러한 황무지와 같은 곳에서 생화 한 송이는 나에게 큰 소망을 안겨 주었다.

모두가 교회를 싫다고 떠났어도, 누군지는 모르지만 교회를 사랑하는 한 사람이 있는 것이 분명했다. 바로 강단에 꽃 한 송이를 꽂은 주인공 말이다. 어려운 교회를 사랑하는 사람 한 사람이 있다면 이 교회는 다시 부흥될 수 있다는 확신이 생겼다. 성경에 보면 모든 역사는 한 사람으로부터 시작되었다. 믿음이 있고 생각이 있고 비전이 있는 한 사람에 의하여 세계의 모든 위대한 역사는 이루어진 것이다. 그래서 나는 강단에 꽃을 꽂은 그 사람의 이름은 모르지만 '이

교회에도 생명이 있는 사람, 교회를 사랑하는 사람이 있구나.' 하는 생각에 소망을 갖게 된 것이다.

비록 한 송이의 꽃이지만 살아 있는 생화였다. 이것은 생명이 있는 사람이 이 교회에 아직은 남아 있다는 확신한 증거가 아닌가? 꽃 한 송이가 나에게 전해 주는 메시지는 참으로 컸다. 한 송이의 꽃이 새로 부임하여 그 꽃을 바라보고 있는 36세의 젊은 목사의 마음에 이토록 큰 희망을 전해 주었다는 것을 꽃을 꽂은 주인공은 아직도 모르고 있을 것이다.

예배당 안의 모든 기물과 건물 자체도 실망감만 안겨 주고 있는데, 오직 강단 위의 꽃 한 송이만은 볼수록 희망을 안겨 주고 있지 않은가? 생명이 넘치고 희망적이며 발전적인 꽃 한 송이, 새로 부임한 사역자에게 큰 용기와 새 힘을 불어넣어 주고 있는 꽃 한 송이, 그 꽃 한 송이를 강단에 꽂도록 인도하신 하나님의 역사가 새롭게 느껴진다. 별것도 아닌 듯한 꽃 한 송이의 봉사 속에 이토록 하나님의 깊은 뜻이 담겨 있음을 봉사자는 알고 있을까? 나는 지금도 그 강단 위의 꽃 한 송이가 전해 준 감동을 잊을 수 없다.

"주여! 그리스도의 향기를 발하는 꽃이 한 송이 두 송이 계속 늘어날 것을 믿습니다."

장로의 이명을 거절하고

젊은 목사가 아내와 어린 아들 하나를 데리고 와서 쓰러져 가는 교회를 일으켜 보겠다고 뛰어 다니는 것이 안타까워 보였나 보다. 시내에서 나를 만나는 서문교회 신자들은 초여름 따가운 햇볕에 얼굴이 검게 그을린 나를, 꽤 불쌍한 눈으로 바라보며 덥석 내 손을 잡고 위로했다.

"구 목사님! 얼마나 고생이 많으세요? 얼굴이 새까맣게 타셨네요."

이런 시선으로 바라보는 신자는 서문교회 신자들만은 아니었다. 나를 아는 모든 신자들은 나를 꽤나 불쌍히 여기는 듯했다.

부임하여 낙심한 신자들을 심방하니 그 동안 교회의 어려움을 실감할 수 있었다. 문제가 무엇인가도 알 수 있었다. 내가 이곳에 부임하기 전 서문교회 부목사로 있을 때 내덕교회 집사들이 찾아와 "우리 교회를 살려 주세요!" 하며 호소했던 것을 알고 있기 때문에, 어느 정도 교회의 문제점은 알고 있었으나 부임 심방을 해 보니 문제는 생각보다 더 심각했다. 눈물로 옛 문제점을 호소하는 사람도 있었다. 목회자와 신자들 간의 얽힌 문제점, 신자들끼리 얽힌 문제점들…, 나는 두 가지로 결론을 내렸다.

하나는 바른 목회자상을 이 사람들에게 보여 주는 것이 필요하다고 생각했고, 또 하나는 상처가 없는 새사람들을 전도하여 잘 가르쳐 교회의 일꾼을 삼아야 교회 기초가 든든해지고 안정되게 부흥할 수 있다고 생각했다. 교회를 순수하고 새롭게 시작해야지, 이 사람 저 사람 끌어들여 교회를 일으켜서는 안 되겠다는 생각을 했다. 그래서 예전에 이 교회를 다니다가 다른 곳으로 간 사람이 돌아오는 것을 기대하지 않기로 했다. "새롭게 시작하자!"는 각오로 시작을 했다.

'개조는 창조보다 어렵다' 는 말이 있다. 상처 입은 사람의 마음을 고쳐야 한다. 그러나 교회가 안정되기 위해서, 교회가 바르게 성장하기 위해서, 문제 있는 교회가 바르게 서는 데는 먼저 순수한 사람들이 교회의 기초를 잡아야 한다고 생각했다. 그래서 다른 신자들이 교회에 나오는 것보다 불신자를 신자로 만들어 잘 교육해야 하겠다는 생각에 사로잡혔다.

그러던 어느 날 시내 교회의 어떤 장로 한 분이 우리 교회에 와서 함께 사역을 하겠다고 뜻을 밝혔다. 신자도 없고 자립도 못한 어려운 교회에 장로가 와서 돕겠다니 얼마나 다행한 일인가? 그러나 나는 그것이 바람직한 것이 아님을 직시하고 그 장로의 청을 거절했다.

"장로님은 적을 둔 교회에서 충성하셔야 합니다. 더욱이 같은 교단인데 교회를 옮기시면 안 됩니다." 하고 정중히 거절을 했다. 그 장로는 너무 이상하다는 듯 계속 자신의 뜻을 관철하려고 나를 설득하셨다. 나는 "장로님, 저희 교회가 지금은 어렵지만 하나님이 함께 하시기 때문에 곧 나아질 것입니다."라며 그 장로의 기분이 상하지 않도록 완곡히 거절했다. 그 장로는 참 온화하고 좋은 분이었다.

시내에서 또 다른 장로를 만났는데, 그는 나에게 "목사님! 그 장로님이 가서 도우시겠다는데 왜 거절하십니까?" 하며 퉁명스럽게 따지듯 물었다. 그러면 나는 "제가 거절한 것이라기보다는 장로님은 자기 교회에서 봉사하는 것이 당연하지 않습니까?"라고만 말씀드렸다. 끝내 그 장로는 우리 교회에 오지 못했다.

그러나 장로, 집사들이 와서 돕겠다는 것을 거절하는 것이 쉽지는 않았다. 어려울 때 돕는 자가 얼마나 필요한가? 정말 그때는 한 사람이 아쉬울 때가 아닌가? 그럴 때에 장로, 집사들이 와서 돕겠다는데 얼마나 좋은 일인가? 그러나 하나님은 그것을 용납하시지 않으셨다. 문제가 많던 교회가 안정되는 데에는 기존 직분자들이 여기저기서 모여드는 것은 바람직하지 않다는 것이 하나님이 나에게 주신 지혜였기에 당장 좋다고 그대로 행할 수는 없었다. 하나님이 안 된다고 하시면 안 되는 것이다. 아무리 내 생각이 좋은 듯해도 하나님이 아니라면 아닌 것이다. 당장 나의 앞을 바라보고 행동하는 것은 믿음의 행동이 아니다. 하나님의 뜻대로 먼 미래를 바라보면서 행동하는 것이 믿음의 행동이다. 목회자는 하나님의 뜻대로 순종하며 역사해야 하지 않겠는가?

그래서 처음 얼마 동안은 몇 명의 할머니 신자들과 학생들 몇 명을 앉혀 놓고 설교를 해야 했지만, 훗날 그것이 얼마나 잘한 것인지 깨닫게 되었다. 햇수를 거듭하면서 교회가 안정되어 가고, 전혀 문제가 없던 교회처럼 성장하는 것을 보면서 다른 교회 장로를 비롯한 직분자들의 이명을 거절케 하신 하나님의 깊은 뜻을 깨닫게 되었다. 그래서 나는 나를 올바로 지도해 주신 사랑의 하나님께 깊은 감사를 드렸다. 그래서 우리 교회는 은혜로운 교회, 평안한 교회가 된 것이다. 다른 교회 신자들을 통하여 "내덕교회는 부러운 교회"라는 평도 들었고, 동역자들의 입을 통해서도 부러운 교회라는 평도 들어 보았다. 모든 것이 하나님의 은혜다. 하나님의 생각과 인간의 생각은 하늘과 땅 차이가 나는 것을 또 실감해 본다.

"주여! 주의 뜻대로만 행하게 하옵소서!"

귀를 막아 주신 성령님

교회 의자가 너무 낡고 작아서 새 의자를 놓아야겠다고 생각을 하고 불광동에 있는 우국기도원에 가서 기도를 했다.

"하나님, 긴 의자 20개만 허락해 주시옵소서!"

기도 중에 하나님께로부터 필요한 것은 구하는 대로 주시겠다는 응답을 받았다.

> "나의 하나님이 그리스도 예수 안에서 영광 가운데 그 풍성한 대로
> 너희 모든 쓸 것을 채우시리라"(빌 4:19).

나는 기도를 마치고 하산하여 청주에 오기 전에 서울에서 의자 20개를 성구사에 맞추어 놓고 왔다. 그리고 성도들에게 기도를 시켰다. 의자 20개를 위하여 이렇게 기도하라고 했다.

"주여! 의자 20개를 주시옵소서! 20개 중의 하나를 제가 맡을 수 있도록 믿음을 주시옵소서!"

그리고 부흥회를 하기 위하여 준비 기도를 하고 있었다. 부흥회가 시작되기 며칠 전에 최정희 집사가 나를 찾아와서 봉투를 하나 내놓는다. 내용인즉슨 의자 한 개 값을 헌금한다는 것이었다. 당시에 의자 한 개 값은 16,000원이었다. 그 봉투에는 현금 16,000원이 들어 있었다. 어려운 중에 의자 하나를 맡겠다고 헌금을 가져온 최 집사가 고맙기도 하고 하나님의 기도 응답이 이루어지는 것 같아 참 기뻤다. 나는 그 헌금을 놓고 하나님께 감사 기도를 했다. 그리고 그 집

사에게 마음껏 축복을 빌어 주었다. 며칠 후 부흥회가 열렸다. 내가
서문교회에서 모시고 있던 여진헌 목사님이 강사로 오셨다. 나는 여
목사님과 부흥회 기간 중에 식사를 하면서 기쁨을 감추지 못하고 의
자 헌금을 바친 최 집사에 대한 이야기를 했다. 최 집사는 교회에 나
오지 않은 남편을 인도하여 교회에 등록을 시켰다. 남편을 교회에
인도하는 데도 기막힌 사연이 있었다.

송구영신 예배 때 금년의 소원 한 가지씩 적어 내라고 했더니 그
집사는 남편을 주께로 인도하는 것을 적어 냈다. 그리고 그 해에는
반드시 남편을 주께로 인도하리라 마음먹고 특별히 기도를 했다. 원
래 최 집사는 믿음이 좋은 처녀였다. 지금 남편과 만나 결혼을 하려
고 할 때 최 집사는 신랑에게 예수를 믿어야 결혼하겠다고 조건을
붙였다. 신랑은 결혼하고 싶은 마음에 예수를 믿겠다고 했다. 최 집
사는 그러면 서약서를 쓰라고 했다. 그래서 신랑은 예수를 믿겠다고
서약서를 썼다. 최 집사는 최씨라 독한 면이 있었다. 서약서까지 받
고 결혼을 했건만 결혼식을 마친 그 다음 주일에 교회에 가자는 신
부의 요청에 오리발을 내놓았다. 자기는 결혼할 목적으로 서약서를
쓴 것이지 예수 믿을 생각은 전혀 없다는 것이었다.

아뿔싸! 이것을 어쩌겠는가? 결혼한 것을 이제는 무를 수도 없지
않은가? 그렇게 해서 아이를 몇 낳도록 남편은 교회에 나오지 않은
것이었다. 그 후 최 집사는 남편의 구원을 위하여 기도하던 중 단단
히 마음을 먹고 그 해 안에 반드시 남편을 전도하여 구원시키겠다고
다짐한 것이었다. 단단한 마음을 먹었기에 기도도 열심히 하고 남편

이 직장에서 돌아오면 쫓아다니면서 교회에 가자고 졸라댔다. 그 남편은 대농에 전기 기사로 있었는데, 직장에서 돌아오면 개인적으로 갖고 있는 작은 밭을 가꾸러 가곤 했다. 그러면 최 집사는 밭에 따라가서 한 번이라도 좋으니 약속대로 교회에 가자고 졸랐다. 계속 뒤를 쫓아다니면서 졸라 남편을 귀찮게 했다. 심지어는 남편이 화장실에 가면 화장실까지 쫓아가 졸랐다. 그의 남편은 교회에 갈 마음은 없었지만 너무 귀찮게 하기에 하는 수 없이 허락을 했다. "알았어, 그만 해! 다음 일요일에 교회에 갈게."라고 퉁명스럽게 대답했다.

그는 약속대로 그 다음 주일에 부인과 함께 교회에 나와서 등록을 했다. 그리고 그 다음 주일도 나왔고, 몇 달을 계속 잘 나왔다. 그러니 내가 얼마나 기쁘겠는가? 그래서 나는 기쁜 마음으로 여 목사님에게 기쁨의 보고를 드렸다. 최 집사가 남편을 인도해 온 이야기, 그리고 어려운 중에도 교회 의자 한 개를 먼저 하겠다면서 현금 16,000원을 부흥회 전에 가져왔다고 자랑스럽게 말씀을 드렸다.

그런데 그날 저녁 집회 때 문제가 발생했다. 설교하러 강단에 나와서신 여 목사님은 최 집사가 누구냐고 물으며 내외분이 함께 일어서라고 했다. 오른쪽 뒷자리에 자리 잡은 두 사람은 그 자리에서 일어섰다. 여 목사님은 그들 부부를 일으켜 세워놓고 칭찬을 하기 시작하셨다. 이렇게 믿지 않는 남편을 주께로 인도한 최 집사가 얼마나 훌륭한가 하면서 제일 복된 일을 하셨다고 칭찬을 하셨다. 거기까지는 좋았다. 문제는 그 다음에 발생했다. 아찔한 순간이었다.

최 집사가 남편을 인도한 것도 귀한 일인데, 어려운 중에도 의자한 개 값을 제일 먼저 헌금했다고 공개적으로 칭찬을 하셨다. 그것도 한 번이 아니고 몇 번을 되풀이하여 말씀하셨다. 그래서 신자들은 모두 그 사람들을 쳐다보았다. 그런데 이게 웬일인가? 최 집사는 얼굴을 폭 숙이고 있을 뿐 아니라, 얼굴색이 걱정스럽게 변하는 듯했다. 이유인즉슨 아직은 남편이 의자 헌금할 정도로 신앙이 성숙한 상태가 아니기 때문에 남편 몰래 의자 헌금을 한 것이었다.

그런데 강사 목사님은 그것도 모르고 계속하여 그 부부를 일으켜 세운 채 전도 받아 교회에 나왔다는 것과 의자 헌금을 바쳤다는 이야기를 힘주어 말씀하신 것이었다. 그래서 최 집사는 속으로 생각하기를 "이제 집에 가면 혼나게 생겼네. 왜 하필이면 그 말씀을 하실까? 이제 남편이 교회에도 안 나간다고 하게 생겼네." 하며 그런 일이 일어나지 않도록 기도했을 것이었다.

부흥회를 마치고 집에 돌아간 최 집사는 남편의 반응만 엿보며 가슴을 졸였다. 그런데 남편은 아무런 반응을 보이지 않았고, 부흥회를 끝까지 잘 참석했다. 그러면 어떻게 된 것일까? 아직은 그 이야기를 들으면 감당하기 어려울 것으로 하나님이 다 아시고 의자 헌금했다는 말씀을 하실 때 성령을 통하여 그 남편의 귀를 막아 주신 것이었다. 그래서 그 남편은 그 말을 듣지 못하고, 자기를 부인이 인도했다는 말만 들은 것이었다. 할렐루야!

진정 하나님은 참으로 자상하시다. 감당하지 못할 시험은 허락하지 않으시는 분이시다.

"사람이 감당할 시험밖에는 너희에게 당한 것이 없나니 오직 하나
님은 미쁘사 너희가 감당치 못할 시험 당함을 허락지 아니하시고 시

험 당할 즈음에 또한 피할 길을 내사 너희로 능히 감당하게 하시느
니라"(고전 10:13).

하나님의 역사를 깨달을수록 우리는 감격할 수밖에 없다. 너무 치
밀하시고 자상하시며, 신비롭고 재미있게 역사하시는 분이다. 그러
고 보면 하나님의 뜻대로 순종하며 살아가는 사람은 아무것도 걱정
할 일이 없다. 하나님이 다 알아서 실수 없이 일을 진행하시기 때문
이다. 하나님의 말씀이 생활 현장에서 그대로 확인되는 것을 체험하
면서 우리들의 믿음은 쑥쑥 자라는 것이다.

하나님 살아 계세요!

따뜻한 봄바람이 불어온 지도 벌써 두 달이 지나 조금은 더운 바람
이 불어오는 4월 말 어느 날이었다. 오후 늦게 예배당에 들어가고 싶
은 충동이 일어나서 예배당 문을 열었다. 누군가가 앞자리에 앉아서
기도를 하고 있었다. 무슨 문제가 생겼는지 울면서 기도를 하고 있
었다. 나는 살금살금 걸어서 그의 뒷자리에 가서 앉았다. 열심히 교
회에 나오는 청년이었다. 잠시 후 그의 기도가 끝난 후 나는 그에게
무슨 문제가 생겼느냐고 물었다.
그 청년은 흐르는 눈물을 닦으며 붕대로 감은 자기 손가락을 보여
주면서 지금 자기가 처한 상황을 이야기했다.

그는 공단에 나가서 일을 하고 있는 청년인데 일을 하다가 손가락을 다친 것이었다. 구멍을 뚫는 기계가 있는데 잠시 일을 중단하고 쉬는 중에 그 청년이 구멍 뚫는 기계 옆에서 무엇을 하다가 그 기계의 송곳이 있는 부분에 손이 가 있었다. 그때 그런 상황도 모르고 다른 사람이 들어와서 기계의 스위치를 올린 것이다. 기계가 작동하면서 구멍 뚫는 송곳이 그 청년의 오른쪽 집게손가락 첫째 마디와 둘째 마디 사이를 관통한 것이었다. 피가 철철 흐르는 손가락을 움켜잡고 응급실로 달려가 진찰을 한 결과 손가락의 뼈가 부서져서 치료가 불가능하다며 손가락을 잘라야 한다는 진단이 나왔다. 만약 손가락을 자르지 않으면 손가락이 썩어서 나중에는 손 전체가 상하게 된다는 것이었다.

아직 장가도 가지 않은 총각이 오른손의 손가락 하나를 잘라야 한다니 얼마나 마음이 아팠겠는가? 그래서 응급 처치를 하고는 괴로운 마음으로 시내를 이리저리 방황하다가 교회에 찾아온 것이었다. 성도들이 어려움을 당할 때 찾아갈 곳이 어디이겠는가? 성도들이 찾아갈 곳은 한 곳밖에는 없다. 하나님이 계신 곳 성전이다. 하나님 앞에 찾아가는 것은 당연한 일이었다.

"너희 중에 고난당하는 자가 있느냐 저는 기도할 것이요"(약 5:13) 라고 하지 않았는가? 주님은 우리들의 모든 문제를 해결하시는 문제 해결자 아니신가?

나는 그 청년의 말을 듣고 그에게 두 가지 중에 하나를 선택하라고 제의를 했다. 하나는 의사의 말대로 손가락을 자르는 것이고, 또 하나는 하나님께 맡기고 손을 자르지 않는 것이었다. 기도해 보고 둘

중에 하나를 선택하라고 시간을 주고는 수원에 사는 어느 신자의 간증을 하나 이야기해 주었다.

다리가 상해서 한 쪽 다리를 잘라야 한다는 진단을 받은 한 성도가 주일에 예배를 드리기 위하여 상한 다리를 끌고 교회에 나갔다. 그는 너무 다리가 아파서 몇 번씩 쓰러지면서도 교회에 가서 예배를 드렸는데 그날따라 얼마나 은혜가 되는지 찬송이나 대표 기도, 성가대 찬양, 목사님의 설교도 모두 은혜가 되고 헌금 시간도 은혜가 되어 울면서 예배를 드리고 돌아갔다. 그런데 하나님이 그의 믿음과 정성을 보시고 신유의 은혜를 베풀어 주셔서 언제 나았는지 모르게 아픈 다리가 깨끗하게 나은 것이었다. 그는 자기의 다리가 깨끗이 나은 것을 알고 기뻐 뛰며 주님을 찬양했다.

그 청년은 잠시 기도를 했다. 나는 옆에서 함께 기도를 했다. 기도를 마친 그 청년은 "목사님! 저는 하나님께 모두 맡기고 손가락을 자르지 않기로 결정했어요."라고 힘주어 말했다. 그래서 나는 그 청년에게 안수 기도를 해 주었다.

"하나님! 이 청년의 믿음의 결단을 보시고 상한 손가락을 깨끗이 고쳐 주시옵소서!"

그 청년이 돌아간 다음 날부터 교회에 공사가 벌어졌다. 교회에 담을 쌓고, 사택에 장독대를 만드는 등 몇 가지를 고치는 공사가 시작되었는데, 그 당시에는 신자도 별로 없고 돈도 없고 해서 미장이 한

사람만 불러서 일을 시켰다. 그런데 미장이를 도와서 일을 할 사람
이 없었다. 그래서 내가 미장이를 도와서 일을 할 판이었다. 그런데
일이 시작되는 다음 날 그 청년이 손가락에 붕대를 감은 채 나타났
다. 그리고는 미장이를 돕는 일을 했다.

손가락을 다쳤다고 직장에서 병가(病暇)를 준 것이었다. 그래서
그 청년은 자기가 일을 돕겠다며 팔을 걷어붙였다. 무거운 시멘트와
큰 돌멩이를 들어 옮기고, 주로 힘든 일을 열심히 하는 것이 아닌가?
그 광경을 보면서 나는 일을 그만두라고 했다. 다친 손을 가지고 힘
을 가하는 일을 하니 얼마나 아플지 생각하니 너무 딱해 보였다. 또
손가락을 다친 사람을 일 시키는 것은 너무하다는 생각이 들었다.

그러나 그는 "목사님, 걱정하지 마세요! 저는 생각한 바가 있어
요!" 하면서 일을 계속 했다. 나는 전날 그의 손가락을 하나님께 맡
겼다는 말이 떠올라 "그래 알았어! 조심해서 일을 해!" 하며 그대로
일하는 것을 용납했다. 믿음의 결단을 누가 이래라 저래라 참견하겠
는가? 나는 그를 위해 조용히 기도해 줄 뿐이었다.

그 공사는 사흘 동안 계속되었고 그 청년은 사흘 동안 계속 나와서
열심히 일을 도왔다. 교회 공사도 끝이 났고, 교회 담도 장독대도 잘
만들어졌다. 맞이하는 주일은 5월 첫째 주일로 우리 교회가 야외예
배 가는 날이었다. 하나님이 내덕교회 행사 때는 항상 좋은 일기를
주시지만 그날도 맑게 갠 청명한 날이었다.

그 청년은 아침 일찍 교회에 와서 기도를 했다. 그런데 이상한 증
세가 느껴졌다. 다친 손가락이 아프지 않고 다 나은 것처럼 약간 간
질간질한 느낌이 들었다. 손가락을 움직여 보아도 아프지 않고 손가

락이 잘 움직여졌다. 그 청년은 손가락이 다 나은 것 같아서 병원으로 달려갔다. 그리고 담당 의사에게 그 손가락을 진찰해 달라고 내밀었다. 그랬더니 의사는 "이 청년 참 안타깝네. 빨리 손가락을 잘라야 한다니까 자르지는 않고 무슨 짓이야!"라고 퉁명스럽게 말을 했다. 그 청년은 정색을 하며 "의사 선생님! 저의 손가락이 다 나은 것 같아요! 진찰 좀 해 주세요!"라며 매달렸다. 너무 정색을 하며 말하기에 의사는 이상하다는 듯 표정을 지으며 손가락을 진찰해 주었다.

그리고 하는 말이 "참으로 이상하네, 뼈가 이상이 없어! 부서진 뼈가 다 붙었어! 자네 이거 어떻게 된 거야?"라고 놀라는 것이었다. 할렐루야!

의사의 진단을 받고 그 청년은 기쁨을 안고 교회로 달려왔다. 좋아서 어쩔 줄을 몰라 하며 나를 보고 큰 소리로 외쳤다. "목사님! 하나님이 정말 살아 계세요! 정말이에요!"

나도 웃으며 한마디로 대꾸를 했다. "아니, 그러면 언제 하나님이 돌아가셨었니?"

그날따라 햇빛이 더 강하게 느껴졌고, 청명한 하늘은 더 푸르게 느껴졌다. 이래서 하나님을 믿는 신앙인은 산다는 것이 재미가 있다.

은혜로운 간증거리가 되기에 순복음교회에서 발간하는 《신앙계》에 간증을 써서 보내라고 권고를 했다. 그 청년은 글을 쓸 줄 모른다면서 사양하는 것을 하나님의 크신 역사는 모든 사람에게 알려야 한다고 강요하여 《신앙계》에 원고를 써 보냈다. 그의 간증이 《신앙계》에 실려서 많은 사람들이 은혜를 받았다. 그 간증을 읽고 그 청년에게 편지를 보낸 사람도 몇 명 있었다. 그 청년이 지금 내덕교회에서 충성하고 있는 최원영 장로이다.

믿음의 역사는 참으로 묘하다. 참으로 신기하다. 불가능 중에서도 가능을 믿는 것이 우리의 믿음이 아닌가? 예수께서 하신 말씀이 생각난다.

"할 수 있거든이 무슨 말이냐 믿는 자에게는 능치 못할 일이 없느니라"(막 9:23).

한 사람을 귀하게 쓰시기 위하여 하나님은 여러 가지로 연단하시고 훈련시키신다. 값진 체험을 주시려고 잠시 아픔을 주시는 하나님의 깊은 뜻을 우리가 빨리 깨닫지 못하는 것이 문제다. 얼마만큼의 기간이 지난 후에야 깨닫는다. 그리고 깨달은 후에 외치는 말이 있다. "이렇게 주님의 깊은 뜻이 있었구나!" 참으로 인간은 미련하기 짝이 없다.

예배 5분 전에 홀딱 타 버린 눈썹

어느 추운 겨울 수요예배가 시작되기 직전이었다. 예배 시간 40분
쯤 전에 교회에 나가서 난로를 피워 놓았다. 27평의 작은 예배당 가
운데 큼지막한 석유 난로가 하나 세워져 있었다. 높이가 120cm는 넘
어 보이는 긴 난로였다. 당시는 난로가 순전히 수동적이었다. 기름
을 틀어 놓아 기름이 난로 안에 흘러 들어가면 성냥불을 켜서 난로
안에 집어넣어 불을 붙이도록 되어 있었다. 그러면 전기 팬이 돌아
가면서 불길이 솟는 것이었다. 난로의 불이 잘 붙어 불길이 타오르
는 소리가 들리면 난로 중앙에 있는 작은 창문으로 힘차게 활활 붙
는 붉은 불길이 눈에 보였다. 난로를 피워 놓고 약 30분만 있으면 예
배당 안이 훈훈하게 되어 추위를 느끼지 않았다.

난로의 불이 활활 잘 붙은 것을 보고 잠깐 사택에 들어갔다가 성경
과 찬송가를 들고 예배를 인도하기 위하여 예배당에 들어가 난로가
잘 타고 있는지 확인을 했다. 그런데 이것이 어떻게 된 것인가? 불기
가 전혀 없었다. 어떻게 된 일인지는 몰라도 그토록 잘 붙던 난로불
이 꺼져 있는 것이었다. 누가 건드렸는지, 저절로 그렇게 된 것인지
는 몰라도 어쨌든 불이 꺼져 있었다. 난로 가까이에 가 보니 난로는
뜨겁게 달구어져 열기가 남아 있었다. 난로의 뚜껑을 열어 보니 불
은 꺼져 있었고, 난로 안 바닥에는 기름이 많이 흘러 나와 있었다. 나
는 다시 불을 붙여야겠다고 생각하고 성냥불을 켰다. 아직도 난로에
열기가 있기 때문에 난로의 뚜껑을 열고 성냥불을 던져 넣으면 기름
에 불이 붙는 순간 불기가 치솟아 오를 것으로 생각이 되었다. 뜨거

운 열기가 있는 난로에 다시 불을 붙이는 일이 좀 위험한 일이기는
했다. 그러나 어떻게 하겠는가? 예배 시간은 다 되었는데 불이 꺼졌
으니 다시 붙여야 하지 않겠는가?

내 나름대로는 조심하느라고 난로 뚜껑을 열고 멀리 떨어져서 가
능한 한 고개를 뒤로 젖히고 팔만 뻗어 성냥불을 잽싸게 난로에 던
져 넣었다. 던져 넣으면서 도망이나 가듯이 윗몸을 뒤로 젖혔다. 그
러나 그 순간 불이 기름에 붙으면서 불꽃이 폭탄 터지듯 '꽉' 소리를
내며 위로 치솟았다. 얼마나 강하게 불꽃이 솟았던지 멀리 피해 있
는 나에게까지 뜨거운 열기가 확하며 얼굴을 공격했다. 얼굴이 후끈
거리며 분명 얼굴에 무슨 일이 생긴 것 같았다. 앞머리가 그슬렸든
지 눈썹이 탔든지 무슨 일이 일어난 것이 틀림없었다. 눈썹을 만져
보니 잡히는 것이 없었다. 이것 참 보통 문제가 아니었다. 후끈거리
는 얼굴을 만지며 사택으로 들어갔다. 아내에게 나의 흉한 모습을
보여 주는 것이 싫었지만 어쩔 수가 없었다.

거울을 보니 눈썹과 속눈썹이 몽땅 타 버린 것이었다. 아뿔싸! 사
람의 얼굴에 눈썹이 차지하는 비중이 얼마나 큰지 그때 실감했다.
나는 원래 눈썹이 많았다. 그래서 눈썹이 새까매서 보기도 괜찮았는
데, 그토록 보기 좋던 눈썹이 순간 다 없어진 것이었다. 옛날에 여인
들이 긴 머리를 짧게 자를 때 몹시 마음에 괴로움을 느낀다는 말을
들어 보았다. 그런데 나는 긴 눈썹을 짧게 깎은 것이 아니었다. 몽땅
타서 없어진 것이었다. 거울을 바라보면서 나의 모습을 보고 웃어야
할지 울어야 할지 몰랐다. 그러나 지금은 이것저것 생각할 겨를이
없다. 당장 나가서 예배를 인도하고 설교를 해야 하지 않겠는가? 어

쩌면 좋을까? 참으로 난감했다.

아마도 당시에 부목사가 있었으면 나는 설교를 안 했을 것이다. 눈썹 없는 문둥이 모습으로 어떻게 강단에 서겠는가? 신자들이 모두 강단에 서서 설교하는 나의 얼굴만 쳐다볼 것인데 이것을 어떻게 하면 좋을까 생각해 보았으나 다른 수가 없었다. 고민할 시간적 여유도 없었다.

순간 나는 아내에게 서두르듯 말했다. "여보! 눈썹 그리는 것 없어?" 아내는 급히 화장대에서 눈썹을 그리는 연필을 들고 와서 내 얼굴에 눈썹을 그리기 시작했다. 교회에서는 찬송 소리가 들려왔다. 내막을 모르는 신자들은 목사님이 예배 시간이 되어도 나오지 않으니까 찬송만 계속 부르고 있었다. 강단에 서기 전에 메이크업을 하고 있는 목사…. 탤런트들은 무대에 서기 위하여 무대 뒤 분장실에서 얼굴 화장 메이크업을 한다. 인기 연예인들은 라이트를 잘 받고 팬들에게 잘 보이려고 분장을 한다. 그러나 나는 설교자로서 성도들에게 잘 보이려고 눈썹을 그리고 있는 것이 아니었다. 얼굴이 흉하게 보이지 않기 위하여 하는 것이었다. 얼굴이 흉하면 설교 듣는 데 방해가 되지 않겠는가? 그리고 붉게 달아오른 얼굴에는 분을 발랐다. 얼굴이 너무 붉어서 꼭 술에 취한 사람같이 보였기 때문이었다. 얼굴에 분을 바르는 것도 생전 처음 있는 일이었다. 좀 하얗게 보이려고 내 나름대로는 발버둥을 쳤다. 당시의 심정을 하나님은 아실 것이다.

내 생애에 눈썹 화장은 처음 해 보는 것이었다. 그날부터 몇 달 동안 아내는 나의 눈썹 화장을 하는 전속 분장사 역할을 했다. 이제는 설교 전에 일거리가 하나 더 생겼다. 설교 준비만 하는 것이 아니라 어김없이 얼굴 화장을 하는 것이었다. 나는 또 하나 눈썹을 그리는 연필의 고마움을 그때만큼 크게 느껴 본 적이 없었다. 만약에 그날 눈썹 그리는 연필이 없었다면 어떻게 됐겠는가? 생각만 해도 끔찍했다. 목사는 눈썹 없는 문둥이가 되어 설교하고 신자들은 킥킥대며 웃느라고 설교 못 들으면 어떻게 되었겠는가? 마귀가 기뻐하지 않겠는가?

"여보! 대강 그려! 예배 시간 늦었어!"
"알았어요! 조금만요. 자, 이제 다 되었어요."
대강 눈썹을 그리고 예배당에 나가 강단에 섰다. 그리고 설교를 열심히 했다. 그런데 나를 바라보는 신자들이 많이 웃을 것으로 생각했는데 이상하게도 웃지를 않았다. 그러나 바라보는 시선들이 뭔가 이상하다는 눈치였다. 나의 모습이 좀 이상하기는 해도 그렇게 흉하게 보이지는 않았던 모양이었다. 신자들이 즉시 타 버린 눈썹을 잘 알아보지 못한 것을 보면 내 아내의 눈썹 그리는 실력도 수준급임을 알 수 있다. 내가 이래 봬도 수준급 여자와 살고 있다.

나중에서야 이 사실을 알고 어떤 신자는 말했다. "그날 설교하는 목사님을 보면서 이상한 생각을 했어요. 목사님이 술을 드셨는가? 왜 얼굴이 불그스레하지?" 얼굴이 불에 달았으니 불그스레할 수밖에 없었다. 만약 그 신자가 말 많은 신자 같았으면 밖에 나가서 "우리 목사님은 설교 시간에 술 먹고 설교한다."고 할 수도 있었다. 그러나 우리 교회 신자들은 그렇지 않다. 생각만 이상하게 했지 목사를 이해하려고 노력했다.

　요즈음은 대형 교회 목사님들이 설교하는 장면이 녹화되어 TV에 방영되기도 하고 직접 방영되기도 하기 때문에 설교 전에 얼굴 분장을 하시는 목사님들이 있다는 말을 들었다. 그러나 우리나라에서 설교 전에 얼굴에 눈썹을 그리고 얼굴 분장을 하고 설교한 것은 내가 처음인 것 같다. 그 당시가 1970년대 후반쯤 되니까 말이다.

　설교 때도 문제지만 밖에 외출을 할 때도 큰 문제였다. 그래서 여전히 얼굴 분장을 하고 눈썹을 그리고 몇 달 동안 다녔다. 그래서 그 당시 나에게는 목욕탕에 가서 목욕하는 시간이 신경 쓰이는 시간이었다. 마음대로 얼굴을 씻지 못하니까 말이다. 그 후 눈썹이 다시 나기는 했는데 예전처럼 나지는 않았다. 예전에 비하면 3분의 1 정도가 났을 뿐이고, 특히 속눈썹은 5분의 1 정도밖에 회복이 되지 않았다. 나는 지금도 눈썹이 많지 않아 목욕 때면 불편을 느낀다. 그래서 목욕탕에서 목욕을 할 때 비눗물이 눈으로 들어간다. 속눈썹의 역할을 새삼 실감하며 산다. 그러면서 생각하는 것이 있다. 한순간 실수하여 저지른 일이지만, "십자가의 흔적을 내 몸에 지닌다."고 하듯이 나는 눈썹의 불편을 느낄 때마다 마음에 다짐하는 것이 있다. 눈썹이 홀딱 탔을 때에는 참으로 어려운 교회 목회하던 시절, 혼자 북 치고 장구치고 이것저것 다 할 때가 아니었나? 그러나 그때는 내 나름대로는 교회를 안정시키고 자립하는 교회 되게 하려고 열심히 목회를 했다. 눈썹이 홀딱 타 버린 것도 교회 난로를 피우다가 그렇게 된 것이 아니었던가? 그래서 나는 눈썹이 제대로 회복되지 않고 비눗물이 눈에 들어가 눈물이 날 때면 '그 어렵던 교회를 섬기던 옛날처럼 지금도 열심히 목회를 해야 하지 않겠는가?' 하며 새로운 마음을 갖는다. 하나님이 게을러지기 쉬운 나에게 경종을 울리시려고 눈썹을 홀딱 다 타게 하시고 조금만 회복시켜 주신 것 같다. 눈썹이 불에 탄 것에도 이토록 하나님의 깊은 뜻이 있음을 느낀다.

하나님이 다니엘의 세 친구 사드락과 메삭과 아벳느고는 풀무불 속에서도 보호해 주시되 "불탄 냄새도 없었다."고 했다. 그때는 절개가 굳은 신앙의 사람들을 철저하게 보호하시는 하나님을 나타내 보이시기 위하여 불탄 냄새도 없게 하셨지만, 나에게는 일평생 열심히 일하라는 교훈을 주시기 위하여 난로에서 솟아오른 불꽃에서도 눈썹이 다 타도록 내버려 두신 하나님의 깊은 뜻이 있었다. 하나님의 깊은 뜻을 누가 헤아려 알겠는가? 지금도 옛날 어렵던 시절, 작은 27평짜리 교회에서 목회하던 시절을 생각하면 감회가 새롭고 모든 것을 좋게 인도하신 하나님의 은혜가 감사할 뿐이다. 옛날처럼 열심히 주의 일을 해야 하겠다고 다시 한 번 다짐해 본다.

2장
성전 건축의 현장에서

성전 건축 5개년 계획

교회가 안정을 되찾으면서 신자들의 숫자도 늘어나고 어린이 교회 학교가 급성장을 하다 보니 교회가 너무 비좁아 성전을 건축해야 하겠다는 필요를 느끼게 되었다. 내덕교회에 처음 올 때는 너무 어려운 교회이기에 주변의 목사님들이 나를 불쌍히 여기며 위로하듯 하시는 말씀들이 있었다. "구 목사, 내덕교회에 가서 2, 3년만 있다가 다른 교회로 옮겨!" 당장 급한 불만 끄고 나오라는 말씀들이었다. 그 말씀의 내용이 진실이라기보다 너무 어려운 교회로 들어가는 나를 위로하느라고 하신 말씀으로 여겨진다. 어쨌든 새 신자를 만들어 교회를 순수하게 안정된 교회로 만들려고 하다 보니 5년이란 세월이 흘렀다.

이제 교회도 안정이 되었고 예배당은 좁아 더 이상 신자들을 수용할 수도 없고 교육 현장 여건이 너무 열악하여 성전 건축은 선택의 여지가 없었다. 그래서 보따리를 싸 짊어지고 공주에 있는 주미산기도원으로 올라갔다. 성전 건축을 위하여 기도를 시작한 것이다.

"주님! 새 성전을 건축하여야 하겠습니다. 우리 교회 지금의 좁은 형편을 아시지요? 성전 건축의 축복을 주시옵소서! 어떻게 하여야 성전을 지을 수 있겠습니까?"

날마다 성전을 짓게 해 달라고 기도를 했다. 그러던 어느 날 기도 중에 문득 솔로몬이 일천번제를 하나님께 드렸을 때 하나님이 감동을 받으시고 솔로몬에게 원하는 것을 구하라고 하신 말씀이 생각났다. '하나님이 무슨 소원이라도 들어줄 테니 구하라고만 말씀하셨으니, 구하기만 하면 무슨 소원이라도 이룰 수 있겠구나!' 하는 생각이 들었다.

그렇다면 우리도 솔로몬처럼 하나님께 성전 건축을 위하여 일천번제만 드리면 하나님께서 나의 소원인 성전 건축을 이루어 주실 것 같은 믿음이 내 마음을 사로잡았다. 너무도 확실한 믿음이었다. 확실한 환상을 보는 듯했다. "바로 이것이다!"

나는 무릎을 탁 쳤다. 성전 건축의 비결을 터득한 것이었다.

솔로몬의 일천번제에 대하여는 해석상의 문제가 있지만, 당시 나에게는 단번에 일천번제를 드렸다는 개념보다는 1,000번의 예배를 드렸다는 것으로 생각이 되어 '성전 건축을 위하여 예배 때마다 기도해 보자. 그러면 천 번의 예배를 드리고 나면 하나님이 성전을 지어 주실 것이다.' 라는 확신이 섰다. 그래서 공예배인 주일 낮 예배, 주일 저녁 찬양 예배, 수요 예배와 금요 구역 예배 때마다 성전 건축을 위하여 기도해야겠다고 생각하고 계산을 해 보니까 5년이란 세월이 필요했다. 그래서 '성전 건축 5개년 계획'을 수립하고 기도원 문을 나서서 하산했다.

    대강 성전 건축을 구상하고 땅을 더 살 것을 따져 보니까 약 2억 원 정도는 있어야 지을 수 있었다. 그때가 1979년이니까 2억 원이 적은 돈이 아니었다. 그래서 2억 원을 목표로 하고 5개년 계획을 수립했다. 성전 건축을 위하여 기도만 할 것이 아니라, 헌금도 해야 하니까 5년 중 첫해에는 2억 원의 1,000분의 1인 20만 원을 바치기로 했다. 그 근거는 신명기 1장 11절에 1천 배의 축복이 약속되어 있으니 1,000분의 1을 믿음의 씨앗으로 심자는 것이었다. 그리고 둘째 해에는 100분의 1인 200만 원을 헌금하고, 셋째 해는 10분의 1인 2,000만 원을 헌금하고, 넷째 해에는 나머지를 헌금 작정하여 2년 동안 바치기로 계획을 세웠다. 좀 막연한 계획, 주먹구구식 계획 같기는 하지만 나는 내 나름대로 계획을 수립하고 누구의 도움을 받지 않고 순수하게 우리들이 헌금하여 성전을 짓기로 마음을 먹었다.

    나는 건축 지식도 없고 미련하여 건축가와 같은 계획 수립은 할 수가 없었다. 그래서 주먹구구식의 계획을 수립한 것 같지만 그 계획의 초점은 첫해 1,000배의 축복을 주실 줄 믿고 1,000분의 1을 믿음의 씨앗으로 심는다는 데 있었다. 씨는 심으면 그대로 나는 것이 아닌가? 사과나무도 한 그루에 수천 개의 사과가 열린다고 한다. 씨 하나가 1,000개의 수확을 한다는 것은 주먹구구식이 아니며 특히 성경은 1,000배의 축복을 약속하고 있지 않은가?

    "너희 열조의 하나님 여호와께서 너희를 현재보다 천 배나 많게 하시며 너희에게 허락하신 것과 같이 너희에게 복 주시기를 원하노라"(신 1:11).

나는 수학적인 계산, 건축학적인 설계는 잘 못 하지만 하나님의 말씀만은 그대로 되는 것을 확실히 믿는 사람이다. 그래서 첫해에 20만 원을 심는 것만 가지고도 하나님께서 2억 원의 축복을 주실 것으로 믿었다. 성경 말씀은 일점일획도 틀림이 없다. 성경 말씀은 그대로 믿는 자의 것이다.

그리고 성도들에게 있어 믿음이 무엇인가? 믿음의 씨앗을 심으면 반드시 좋은 결실을 거둔다는 말씀을 체계적으로 몇 주 동안 설교 시간에 공부를 시켰다. 그리고 5개년 계획대로 추진을 했다.

첫해가 되어서 새해 첫 주일에 헌금 작정을 하고 1년 동안 기도하면서 바쳤다. 아무리 교회 형편과 신자들의 형편이 어려워도 온 성도가 일년에 20만 원 헌금을 못 하겠는가? 1년 작정 헌금이 20만 원 정도 되었는데 첫해에 실제로 헌금된 것은 35만 원 정도였다. 둘째 해에도 새해 첫 주일에 헌금 작정을 하고 1년 동안 기도하면서 헌금했는데 200만 원 이상이 나왔다. 그리고 셋째 해에 예기치 않은 헌금 작정이 1억 2,000만 원 정도가 되었다. 부흥회 시간에 작정이 된 것이다(이 내용은 다음 간증에 소개된다).

그래서 그 후부터는 성도들이 열심히 기도하면서 헌금하고 하나님께서 기적적으로 역사하셔서, 5년이 되는 해에 성전 건축을 시작하여 1년 만에 빚 없이 성전 봉헌 예배를 드리는 축복을 받았다. 할렐루야! 성전이 지어지는 과정에서 일어난 간증거리는 다음에 틈틈

이 나오기 때문에 여기서는 그대로 넘어간다.

주미산기도원에서 나에게 응답하신 하나님은 어김없이 성전 건축을 위한 일천번제를 드리게 하셨고, 일천번제 후에 아름다운 성전을 기적적으로 지어 봉헌하는 영광을 누리게 하신 것이다. 성전 건축은 철저하게 하나님의 인도대로 순종하면 하나님이 지으신다. 당시의 우리 교회 성도의 상황이나 재정적인 여건이 너무 열악하기 때문에 그렇게 가난하고 작은 신자들이 연건평 273평 성전을 지어 봉헌했다는 것은 한마디로 기적의 역사라고 말할 수밖에 없었다. 그 많은 건축 헌금이 어떻게 신자들에게서 나왔는가? 아무리 생각해도 계산이 되지 않았다. 그러나 계산은 되지 않지만 성도들이 헌금하여 성전을 지어 빚 없이 봉헌을 한 것도 엄연한 사실이었다. 그러기에 내가 할 수 있는 말은 오직 이 한 마디 말뿐이다.

"성전 건축은 오직 하나님이 하신 것이다." 할렐루야!

20만 원 바친 어린이의 오병이어의 역사

어린이 교회 학교가 부흥되는 중에 눈물겨운 일이 생겼다. 어린이들이 몰려와 유년부, 초등부가 부흥하여 150여 명 이상 모이니까 공과 시간에 큰 문제가 생겼다. 27평짜리 예배당에서 분반 공부하는 것을 상상해 보라. 정말 도떼기시장 같았다. 본당 건물과 뒤편에 작은 준2층이 있었고, 교회 마당에 5평 정도 되는 2층 교실이 별도로 하나 있었다. 이 건물에서 150여 명이 되는 아이들을 소화할 수 없는 것은 생각해 보나마나 뻔한 일이었다. 공과 시간이면 소리 지르기 경쟁을 하듯이 선생님들은 소리를 지른다. 옆 반에서 가르치는 선생님의 소리가 커서 잘 들리지 않기 때문이다. 선생님마다 소리 지르기 경쟁을 하니 무슨 교육이 제대로 되겠는가? 생각만 해도 안타까운 일이었다.

그래서 여름성경학교 때에는 유치부, 유년부, 초등부가 별도로 다른 건물을 빌려서 치렀다. 유치부는 이웃에 있는 유치원을 빌리고, 유년부는 마을회관을 빌리고, 초등부는 교회에서 했다. 한창 부흥될 때는 여름성경학교 때 각 부마다 100명 정도 모였다. 그러니까 도합 300명은 모인 것이다. 그 당시는 성경학교를 시작하는 전 날에 가장 행렬로 북을 치면서 동네를 한 바퀴 돌며 선전을 하면 아이들이 막 몰려왔다. 정말 신바람 나는 일이었다.

그러나 주일 예배 공과 시간만 되면 보통 문제가 아니었다. 이런 상황을 알고 있는 담임 목사인 나는 안타깝기만 했지 어찌할 바를 몰랐다. 돈이 있어야 성전을 건축하지 않겠는가?

그러던 어느 주일 오후 유·초등부에서 2부 순서로 공작 시간이 있었다. 각 반별로 무엇이든지 만들어서 나중에 발표를 하는 프로그램이었다. 그날 나는 발표하는 시간에 참석하여 어린이들의 작품을 감상했다. 그런데 그 당시 어린이 교회 학교에는 열여섯 반이 있었는데 아이들이 만든 작품 내용이 네 반만 빼놓고 열두 반이 '앞으로의 우리 교회 모습'을 만든 것이다. 성전 건축의 꿈을 표현한 것이었다. 상자 판지를 오려서 큰 성전을 만들어 세우고, 마당도 넓게 만들고 설교하는 목사의 모습도 만들어 붙였다. 그리고 교육관도 만들어 놓았다. 선생님들이 무엇을 만들라고 시킨 것이 아니었다. 그들 마음대로 구상해서 만든 것인데, 예배당이 적어서 얼마나 고생을 했으면 앞으로의 큰 교회 모습을 만들었겠는가 말이다. 새 성전 건축을 바라며 공작을 한 것이 어찌 열두 반 어린이들의 마음뿐이었겠는가?

그리고 반장들이 나와서 자기 반의 작품을 설명하는 시간에 나는 그들의 말을 듣고 뒤에 앉아 울고 말았다. "현재 우리 교회는 너무 작아서 예배드리기도 불편하고 성경 공부도 제대로 할 수 없습니다. 그래서 우리 반은 앞으로 우리 교회가 이런 교회가 되기를 바라면서 앞으로의 우리 교회의 모습을 만들었습니다." 또박또박 조리 있게 발표하는 어린들의 말을 들으면서 성전을 건축해야겠다는 강한 열망이 생겼다. 그래서 나는 불쌍한 어린이들에게는 아무 말도 할 수 없었지만 하나님께는 안타까운 사정을 말씀드렸다.

"하나님, 오늘의 모습을 보셨지요? 주님이 사랑하시는 이 순박한 어린이들을 보셔서라도 성전을 건축할 수 있도록 축복하여 주시옵소서!"

따뜻한 어느 봄날이었다. 누군가가 찾아와서 사택 문을 두드렸다. 서재에서 책을 보던 나는 방문을 열었다. 처음 보는 자매가 어린 딸을 데리고 찾아온 것이었다. 그 어린 딸은 우리 교회 유년부 어린이였다. 초등학교 2학년인 그 어린이는 귀엽게 생겼고 열심히 교회 학교에 나오는 어린이였다. 방에 들어와 앉은 그 자매는 얌전히 앉아 기도를 하는 것이었다. 그래서 그 자매도 교회에 다니는 신자임을 알 수 있었다. 아마도 다른 교회에 다니는 집사쯤은 되는 것 같아 보였다.

기도를 마친 후 그 자매는 이웃 ○○장로교회에 다니는 신자라는 것을 밝힌 뒤 자기 딸의 이야기를 하면서 흰 봉투 하나를 내밀고는, "이것은 제 딸이 바치는 성전 건축 헌금입니다."라고 말했다. "자매님! 도대체 어떻게 된 일입니까?" 나는 목소리를 가다듬고 얼굴을 앞으로 내밀며 물었다. "이 아이는 우리 교회에 잘 나오는 어린이로 제가 잘 알고 있습니다."

건축 헌금을 바치게 된 이유를 설명하는 그 자매의 이야기는 참으로 은혜로웠다. 믿음이 참 좋은 집사처럼 느껴졌다. "혹시 자매님은 집사님이 아니십니까?" 그 자매는 자기는 "부족하지만 ○○장로교회 집사로 봉사하고 있습니다." 라고 하면서 계속하여 헌금의 연유를 차근차근 설명했다.

"제 딸이 내덕교회에 나오는데 자기가 좋아하는 교회니까 그냥 나가도록 놔두었습니다. 그런데 이 아이가 며칠 전부터 우리 교회를 다시 지어야 한다며 건축 헌금을 바치게 해 달라고 졸라댔습니다. 처음은 말렸지만 울면서 졸라대기에 이 아이의 간청함이 너무 진지해서 어린 딸의 믿음대로 하기로 작정을 했습니다. 제 어린 자식의 정성스런 헌금입니다. 앞으로 좋은 성전이 건축되기를 기도하겠습니다."

나는 그 집사의 이야기를 들으며 그 딸을 바라보았다. 생김새도 예쁘고 귀엽게 생겼지만 그의 마음씨와 믿음이 얼마나 아름다운지 세계에서 제일 예쁜 아이처럼 보였다. 그 헌금 봉투에는 현금 20만 원이 들어 있었다. 당시의 20만 원이면 매우 큰 돈이었다. 지금부터 20여 년 전의 이야기니까 아마도 지금의 200만 원 가까이 될 것으로 생각된다. 나는 그 헌금 봉투를 앞에 놓고 간절히 기도를 드렸다. 눈시울이 뜨거워졌다. 눈에서는 눈물이 흘러내렸다. 마음도 뜨거워졌다. 울먹이는 음성으로 하나님께 감사하고 그 어린이와 어머니의 축복을 빌어 주었다. 이것이 성령의 역사가 아니고 무엇이겠는가?

순간 내 마음속에 벳새다 광야에서 오병이어를 바친 어린이가 떠올랐다. 오늘 20만 원을 건축 헌금으로 바친 어린이의 헌금이 벳새다 광야에서 어린이가 바친 오병이어와 똑같이 느껴졌다. 그렇다면 오병이어로써 5,000명이 배불리 먹고도 12광주리가 남지 않았는가? 분명코 이 아이가 바친 20만 원은 성전을 건축하고도 남음이 있는 역사를 이룩할 것이 분명했다.

나는 그때 이미 성전 건축은 반드시 이루어질 것이라는 확신을 가졌다. 나는 지금 그 아이가 어디에 있는지 모른다. 이제는 장성하여 시집가서 아이 어머니가 되었을 것으로 여겨진다. 지금도 어느 교회에서 충성하는 일꾼이 되어 있을 것으로 믿는다.

다른 교회에 다니는 어머니의 마음까지 움직여, 누가 하라고 한 것도 아닌데 자발적으로 건축 헌금을 했으니 이것을 어떻게 해석할 것인가? 당시는 성전 건축을 하자고 제의했을 때도 아니었다. 자기 스스로 새 성전이 크게 지어져야 한다고 느껴 성전 건축의 꿈을 꾼 것이었다. 그 꿈은 누가 꾸게 했을까? 그런 거룩하고 큰 비전을 누가 갖게 했을까? 하나님께서 그의 마음속에 성전 건축의 비전을 주신 것이었다.

다윗의 마음속에 성전 건축의 비전을 심어 주신 하나님께서 솔로몬을 통하여 그 꿈을 이루게 하시더니 그런 성전 건축의 역사가 지금도 계속되고 있는 것이다. 오늘의 성전 건축을 위해 어린이의 마음을 움직이신 하나님의 깊은 뜻을 알게 되면서 또 한 번 하나님의 자상하신 역사에 감격하며 주님께 감사와 영광을 돌릴 뿐이다. 할렐루야!

"주여! 오늘도 오병이어로 역사하시는 하나님께 영광을 돌립니다. 그 예쁜 어린이, 믿음 좋은 어린이, 성전 건축의 밑거름을 준 어린이, 지금은 성장하여 어른이 되었을 그 자매에게 놀라운 축복을 안겨 주시옵소서!"

2,000만 원 하겠습니다

내가 처음 내덕교회에 부임해 보니 예배당을 꼭 전도관처럼 지어 놓았는데, 시멘트 블록으로 짓고 페인트칠도 하지 않은 상태라 보기가 흉했다. 그래서 나는 페인트칠을 해야겠다고 마음먹고 페인트를 사왔다. 개척과 같은 어려운 상태에서 돈이 없으니 페인트칠을 업자에게 맡길 수는 없었다. 그래서 내가 손수 칠하기로 생각하고 페인트를 사온 것이다. 그런데 흰 페인트를 그냥 칠하고 싶지 않았다. 내 딴에는 좀 멋있게 색깔을 넣어서 칠을 해야겠다고 생각한 것이다. 그래서 약간 파르스름하게 칠을 해야 하겠다고 생각하고 흰 페인트에 푸른색 페인트를 아주 적은 양을 부어서 혼합을 했다. 나는 흰색에 가까운 약간 푸른색을 원한 것이었다. 그런데 색깔을 혼합하고 칠해 보니 "아뿔싸! 이게 웬일인가?" 색깔이 파랗게 나왔다. 처음 색깔을 혼합해 보기 때문에 색깔의 농도를 잘 맞추지 못한 것이었다.

그러니 어떻게 하겠는가? 사온 페인트는 다 혼합을 해 놓았으니 마음에 들지 않는다고 버릴 수도 없는 일이 아닌가! 그래서 마음에 들지는 않지만 '울며 겨자 먹기 식'으로 예배당에 칠을 했다. 아내와 함께 지붕까지 오르내리면서 칠을 다 했다. 페인트칠도 결코 쉬운 일이 아니었다. 벽과 천장을 칠하면서 목이 빠지는 것 같았다. 그러나 예배당을 아름답게 한다는 마음에 흥분이 되어 기쁜 마음으로 칠을 다 마쳤다.

밖에 나가서 교회를 바라보니 참으로 가관이었다. 파란 교회가 된 것이다. 예배당을 파랗게 칠한 교회는 내 생전 처음 보는 것이었다. 보기는 좋지 않아도 눈에 잘 띄어 예배당 찾기에는 좋게 생겼다. 그래서 파란 교회로 소문이 났다. 그리고 1년 이상을 지냈다. 그런데 생각할수록 자꾸 이상해 보여서 그대로 놔둘 수가 없었다. 그래서 마음을 고쳐먹고 정식 기술자에게 맡겨 칠을 다시 해야겠다고 생각하고 페인트 가게에 가서 견적을 내 보았다. 견적이 20만 원이 나왔다. 그래서 성도들에게 또 기도하자고 요청을 했다.

"주여! 교회 페인트 공사를 위하여 20만 원을 허락해 주시옵소서!"

기도가 시작된 지 몇 주가 지났다. 어느 날 반가운 얼굴 최정희 집사가 나를 찾아와서 이런 말을 했다.

"목사님! 제가 기도하면 할수록 하나님께서 저에게 20만 원을 바쳐서 교회를 깨끗하게 칠하라고 하시는데 어떻게 해야 하겠습니까? 저는 20만 원을 바치고 싶은데 저의 남편은 아직은 이해를 못 할 것이기 때문에 걱정입니다."

"최 집사님! 20만 원 바칠 돈은 있습니까?" 나는 최 집사의 형편을 알고 있기에 그만한 돈을 어떻게 바치겠다고 하는지 궁금하여 그렇게 물어 본 것이었다. 그러자 최 집사는, "네! 우리 밭을 남에게 도지로 빌려 주고 받은 돈이 있어요."라고 대답했다.

자기의 밭을 남에게 1년간 빌려 주고 40만 원을 받았다고 한다. 그래서 그 중에서 십일조 4만 원을 남편과 상의하여 바쳤다. 당시에 우리 교회로서는 십일조 4만 원이 최초였다. 남편이 4만 원 십일조를 바치는 것까지는 이해를 했지만 20만 원을 교회에 바치는 것은 이해를 못 할 것이라는 것이었다. 하기는 교회에 나온 지 얼마 되지 않으니까 아직 헌금에 대하여 성숙한 단계는 아니었다. 그런데 기도하면 할수록 하나님은 계속 최 집사에게 감동을 주시기를 "내 교회가 20만 원이 필요하다는데 너 40만 원 받은 것 무엇 할래? 내가 필요하다면 그것을 바쳐야 하지 않겠느냐?"라고 재촉하신다는 것이었다. 그래서 최 집사는 어떻게 해야 좋을지 고민에 빠진 것이었다.

민족이 죽음의 위기에 처해 있을 때 에스더에게 "네가 왕후가 된 것이 이때를 위함이 아닌지 누가 아느냐?"(에 4:14)라고 했듯이 최 집사에게는 "땅 빌려 주고 받은 돈 40만 원이 주의 몸 된 교회 페인트칠을 하기 위하여 하나님이 주신 것이 아니냐?" 하고 말씀하시는 것처럼 느껴진 것이다.

어떻게 하면 좋겠느냐고 묻는 최 집사에게 선뜻 어떻게 하라고 말하지를 못하고 망설이다가 이렇게 말을 했다. 다른 말은 할 수가 없었다.

"최 집사님! 남편이 이해를 못 할 것은 뻔합니다. 그러나 그렇다고 하나님이 주시는 감동과 지시도 거절할 수도 없는 일이 아닙니까? 그러니 20만 원을 바치되 바치기 직전이라도 남편에게 말씀을 하고 바치세요!"

최 집사는 그렇게 하겠다는 정확한 대답도 없이 걱정스러운 얼굴로 돌아갔다. 나는 그 문제를 지혜롭게 해결해 달라고 기도를 했다. 목회 초년병이라 어떤 특수 상황에 처하게 될 때 어떻게 하면 좋을지 묘안이 떠오르지 않아 하나님께 지혜를 구할 수밖에 없었다.

다음 주일 예배 시간에 최 집사가 바친 헌금 봉투가 강단에 올라왔다. 봉투에 적혀 있는 내용은 "페인트칠을 위하여 20만 원을 바치겠습니다."라는 헌금 작정서였다.

나는 그 봉투를 붙잡고 간절히 기도를 했다. 참으로 눈물겨운 헌금이요 정성이었다. 쓰러져 가는 교회를 재개척하겠다고 와서 뛰고 있는 나에게 눈물을 흘리게 하는 사건이 심심치 않게 생겼다. 괴로움의 눈물이 아니라 기쁨과 감사와 감격의 눈물이었다. 하나님께서 기도 응답을 해 주신 것이었다. 할렐루야!

그런데 주일 저녁 예배 후에 최 집사가 눈물을 글썽이며 나를 찾아왔다. '또 무슨 일일까?'

"목사님! 큰일 났습니다. 아무래도 남편에게 미리 말을 하면 반대할 것 같아서 성령의 인도대로 저 자신이 결단을 하고 헌금을 바치기로 하고 오늘 낮에 작정 헌금을 한 것입니다. 집에 가서 남편에게 자초지종을 말했더니 남편이 하는 말이 '좋아! 나 다음 주일부터 교회에 안 나가!' 라고 말을 했습니다. 어떻게 하면 좋겠습니까?' 남편이 40만 원 중에서 4만 원을 십일조로 바치는 것은 이해하겠는데 20만 원을 바치면 자기는 무슨 돈을 쓰느냐며 화를 냈다는 것이었다. 그리고 남편이 하는 말이 "내가 언제 이런 목돈을 만져 보느냐? 그런데 20만 원을 바치면 나는 무엇을 쓰겠느냐? 교회가 그런 곳이냐? 돈 생기면 다 갖다 바치는 곳이냐? 그렇다면 나는 이제부터 교회에 안 나가!" 라고 하면서 신경질을 부렸다는 것이었다.

예상한 일이었다. 그래서 나는 최 집사에게, "집사님, 할 수 있습니까? 하나님께 기도해야지요. 이번 한 주간 동안 그 문제를 위해 특별 기도를 하십시다. 저도 특별히 기도할 테니 집사님도 시간 정해 놓고 기도하세요! 하나님이 해결해 주시겠지요." 라고 해결책을 말했다.

그 다음 날 최 집사의 집을 심방했다. 이전 같으면 "목사님 오셨습니까?" 하며 반갑게 맞이하던 그 남편이 인상을 쓰고 맞이했다. 예배를 드리는데도 인상이 우거지 죽상이었다. 다른 때 같으면 설교 시간에 "아멘!"을 하던 사람이 아멘은커녕 얼굴을 들지도 않고 목사를 쳐다보지도 않았다. 그래도 나는 하나님의 말씀으로 권면하고 돌아왔다.

그리고 그가 계속 교회에 잘 나오게 해 달라고 하나님께 집중 기도를 했다. 다음 주일이 되자 강단에 올라간 나는 최 집사의 남편이 나왔는가 하는 생각밖에 없었다. 그래서 기도를 마치고 강단에 나와서서 두리번거리며 최 집사의 남편을 찾았다. "할렐루야!"

그의 남편이 아내와 함께 뒷자리에 앉아 있었다. 교회에 나오지 않겠다던 사람이 교회에 나와 앉은 것만 해도 문제의 90%는 해결된 듯 느껴졌다. 역시 하나님은 최 집사를 사랑하고 그의 남편도 사랑하셨다. 나는 기쁜 마음으로 설교를 했다. 그러나 설교를 듣는 그의 태도는 예전과는 달랐다. 그의 얼굴이 펴지는 데 여러 달이 걸렸다.

비록 20만 원을 쓰지 못하고 자기 부인이 헌금을 해서 마음이 쓰리기는 했지만 한편으로는 자기들의 돈으로 성전이 아름답게 꾸며졌다는 것 때문에 성전을 바라보며 흐뭇한 마음도 생겼음이 분명했다.

"네 물질이 있는 곳에 네 마음도 있느니라."라는 이 말씀은 진리의 말씀이기 때문이다.

어느 날 최 집사가 또 찾아 왔다. 나에게 부탁할 것이 있어서 왔다는 것이다. 그러면서 하는 말이 자기 남편을 자기 대신 구역 강사로 임명해 줄 수 없느냐는 것이었다. 이유인즉슨 그 당시에는 신자가 없어서 최 집사가 구역장도 맡고 구역강사도 맡고 있었다. 그런데 구역 예배 시간이면 공과 공부 시간에 그의 어린 자녀들이 달라붙어서 공과 공부를 할 수 없다는 것이었다. 그래서 형편이 그러니 어쩔 수 없이 남편이 공과 공부 인도를 하면 좋을 것 같다는 것이었다. 아마도 최 집사의 마음속에는 구역 공과를 인도하면서 남편의 믿음이 더 자랐으면 하는 바람도 있을 듯싶었다. 그래서 형편이 딱하기에 나는 그렇게 하기로 하고 다음 주일에 그의 남편을 구역 강사로 임명을 했다. 처음에는 극구 사양을 했지만 나중에는 순종을 했다.

구역 강사가 된 최 집사의 남편은 매 주마다 구역 공과 책을 열심히 몇 번씩 읽고 구역 예배를 인도했다. 가르치는 것이야 오죽하겠는가마는, 과거에 교회도 안 나오고 술 먹던 사람이 교회에 나와서 구역 공과까지 가르치게 되어서 그것만 가지고도 구역 식구들은 은혜를 받았다.

그 후로 그는 구역 예배를 잘 인도하려면 성경을 알아야 하겠기에 성경을 열심히 보고, 설교 시간에 귀담아 듣고, 부흥회에 빠지지 않을 뿐 아니라 남의 교회 부흥회까지 참석하여 은혜를 받는 데 열중했다. 어느 새 우거지상의 인상도 풀렸다. 참으로 고마운 일이었다.

다음 해 9월 말 우리 교회에서 부흥회가 열렸다. 주미산기도원 원장인 차보근 목사님이 강사로 오셨다. 은혜롭게 부흥회가 진행되었는데, 우리 교회가 성전 건축 계획이 있다는 것을 아시고 식사 시간에 나에게 권하시기를 이번 집회에 특별 헌금을 하자는 것이었다. 그래서 나는 강사 목사님에게 "말씀만 전하고 가세요! 건축 헌금은 우리가 알아서 하고 있습니다."라고 말씀드렸다. 그런데 차 목사님은 식사 때마다 그런 똑같은 말씀을 하시는 것이었다. 앞으로 성전 건축을 한다니 건축 헌금 작정을 하자는 것이었다. 나는 계속 똑같은 말로 거절을 했다. 그런데 목요일 저녁 식사 시간에 또 말씀을 하시는 것이었다. 그래서 나는 선배 목사님이 그렇게 계속 말씀하시는 것을 너무 거절하는 것도 예의상 옳지 않은 것 같아서 그날은 "목사님, 정 그러시다면 목사님 마음대로 하세요!"라고 허락을 했다.

그날 저녁 집회 시간에 차 목사님은 솔로몬의 성전 봉헌에 관한 설교를 하시더니 성전 봉헌 때 바친 것을 오늘의 돈으로 환산을 하셨다. 그리고 앞으로 성전을 지을 내덕교회도 그만큼 정성어린 헌금을 바쳐야 한다고 하시며 부흥회에 참석한 신자의 숫자를 보시며 하시는 말씀이, "오늘 성전 건축 헌금을 작정할 텐데 오늘의 출석한 성도들의 숫자를 보아서 1억 2,000만 원 정도는 나와야 합니다."라고 하시는 것이었다. 그날 신자라야 60명 정도 참석한 것 같은데 1억 2,000만 원 정도는 나와야 한다니….

'1억 2,000만 원!' 생각만 해도 대단한 금액이요, 당시 우리 신자들의 생활 상태를 보아서는 생각도 못 할 금액이었다. 그러나 차 목사님은 설교를 마침과 동시에 건축 헌금 작정을 시작하셨다. 나하고 의논한 것도 아닌데 앞으로 3년 동안 내면 된다고 하시며 작정을 시키셨다. 그때가 우리 교회 성전 건축 5개년 중에 3년째 되던 해니까 앞으로 3년 동안 작정 헌금을 내야 한다는 말씀은 우리 교회 성전 건축 계획과도 잘 맞는 말씀이었다.

"성도 여러분 중에 1,000만 원 이상 바치실 분 있으면 손 드세요!" 하고 쩌렁쩌렁한 강사 목사의 음성이 예배당 안을 진동했다. 1,000만 원은 상상도 할 수 없는 돈이었다. 내가 신자들 가정에 심방을 가면 없는 내 주머니라도 풀어 내야 할 정도로 사는 것이 어려운 신자들이 대부분이었다. 돈 가진 사람이 없고 사업가도 한 사람도 없고, 제대로 월급을 받는 공무원도 하나 없는 상태였으니 많은 액수의 헌금을 작정한다는 것은 거의 불가능한 상태였다.

그런데 강사 목사님의 말씀이 선포되자 성가대석에 앉은 최 집사의 남편이 손을 번쩍 들었다. 강사 목사님은 "얼마를 하시겠습니까?"라고 물었다. 그러자 그는, "네! 2,000만 원을 바치겠습니다."라고 뚜렷하게 대답을 했다. 그러자 강사님이 또 묻기를 "어떻게 그 돈을 마련하겠습니까?"라고 하자, "땅을 팔아서 바치겠습니다!"라고 당당하게 대답을 했다. 나는 그 순간 눈시울이 뜨거워졌다. "하나님! 너무너무 감사합니다!"

내가 주님께 넘치는 감사를 드리는 것은 2,000만 원이 작정되어서라기보다 더 큰 이유가 있었다. 그의 믿음의 진보를 보기 때문이었다. 그의 부인이 교회 의자 한 개 값을 헌금했을 때는 그것을 감당할 만한 믿음이 아니기에 하나님이 성령을 통하여 그의 귀를 막아 주셔서 모르고 넘어가게 하셨고, 1년 전만 해도 그의 부인이 교회 페인트 칠하기 위하여 20만 원 헌금한 것 때문에 시험에 들어서 몇 달 동안을 고생하더니, 이제는 20만 원 바친 것도 마음에 들지 않아서 짜증을 부린 지 불과 1년도 채 되기 전에 부인과 의논도 하지 않고 자기의 믿음과 결단으로 2,000만 원을 바치겠다고 손 들고 작정하는 것이 나를 놀라게 했고 눈물짓게 한 것이었다. 그의 신앙의 성숙이 놀라웠다. 그토록 하나님의 말씀을 사모하고 연구하고 가르치더니 2,000만 원을 서슴지 않고 바치는 큰 믿음으로 성장한 것이었다. 성경 말씀이 떠오른다.

"그러므로 믿음은 들음에서 나며 들음은 그리스도의 말씀으로 말미암았느니라"(롬 10:17).

강대 뒤 의자에 앉은 나는 눈물이 핑 돌면서 하나님의 크신 역사에 감사 기도를 드렸다.

"주님, 어쩌면 이런 일이 일어납니까? 하나님이 하시는 일은 참으로 놀랍습니다. 인간의 상상을 뛰어넘습니다. 주여, 감사합니다. 감사와 찬송과 영광을 받으시옵소서! 주여! 한 집사님에게 넘치는 축복을 내려 주시옵소서!"

이어서 강사님은 또 묻는다. "1,000만 원 하실 분 또 없습니까?" 또 한 사람이 손을 든다. "1,000만 원 하겠습니다." 또 한 사람이 손을 든다. "저는 500만 원을 하겠습니다." 그러더니 잠시 후에 500만 원을 작정한 집사가 다시 손을 들었다. "제가 500만 원 한다고 했는데 1,000만 원으로 올리겠습니다." 그리고 계속 이어서 500만 원, 300만 원, 100만 원, … 계속 쏟아져 나왔다.

정말 세상 사람들이 보면 '저 사람들 장난하나? 1,000만 원, 500만 원이 누구 애 이름인가?' 하며 비웃을 것 같은 상황이 벌어지고 있는 것이었다. 목사인 내가 생각해도 이상했다. "저 사람들이 어떻게 바치려고 저렇게 많은 금액을 작정들을 하나? 돈은 하나도 없으면서…."

그리고 나중에는 종이쪽지를 모두에게 돌려서 모두 성전 건축에 동참하도록 헌금 작정을 해서 써 내도록 했다. 아마도 그때 참여한 신자들은 한 사람도 빠짐 없이 작정을 한 것 같았다. 그날 작정된 금액이 1억 2,000만 원 가까이 나왔다. 참으로 놀라운 일이었다. 최정희 집사의 남편이 처음부터 2,000만 원을 작정하는 바람에 단위가 높아져서 1,000만 원, 500만 원, 200만 원, 100만 원 하며 작정한 것이 1억 2,000만 원 정도가 나왔고, 어쨌든 이것이 훗날 결실을 맺으면서 성전을 아름답게 짓게 된 것이었다.

나는 그날 밤에 전 교우 철야 기도를 하겠다고 선언을 하고 철야 기도회 시간에 공표를 했다. "여러분 중에 저녁 집회 때 건축 헌금 작정하신 것이 후회가 되거나, 혹시 기분에 의하여 작정하신 분이 있으면 오늘 중으로 나에게 말씀하면 다 탕감을 해 드리겠습니다. 헌금은 믿음으로 하는 것이지 기분으로 하는 것이 아닙니다. 기분으로 하면 나중에 시험이 듭니다."

그러나 한 사람도 찾아오지 않았다. 그래서 한 학생을 불렀다. 그 학생은 중학생으로서 건축 헌금을 1,000만 원 작정했다. "김 ○○ 학생, 학생이 어떻게 헌금하려고 1,000만 원을 작정했어? 가능하겠어? 그러니 지금이라도 그때 분위기 때문에 작정을 한 것이라면 말을 해. 지금 당장 안 내도 되도록 탕감을 해 줄게." 그랬더니 그 학생은 믿음으로 작정한 것이기 때문에 탕감 받지 않겠다는 것이었다. 믿음으로 작정한 것이라는 말에 더 이상 말을 못 하고 그를 돌려보냈다. 믿어야 좋을지 웃어야 좋을지 모를 일이었다.

1,000만 원 작정한 그 중학생이 지금은 장성하여 결혼을 하여 잘 살고 있다. 작정 금액의 일부를 헌금하고 아직도 많이 남아 있고, 어떤 신자는 그 후에 이사를 해서 다른 교회에 나가면서도 그때 약속한 건축 헌금을 지금까지 보내오고 있는 분도 있다. 또 2,000만 원 작정한 최 집사의 남편 한 집사는 땅을 팔아 바쳤고, 1,000만 원 작정한 김 집사는 집을 팔아 바쳤으며, 1,000만 원 작정한 신 집사는 열심히 돈을 벌어서 바쳤다. 이런 희생적인 헌신자들에 의하여 오늘의 성전은 세워진 것이었다.

2,000만 원을 바친 한 집사를 건축 위원장으로 세웠다. 공사를 건축업자에게 전적으로 맡긴 것이 아니고, 건축업자의 기술만 사고 물자는 우리가 사서 공급을 하는 식으로 공사를 했다. 그러니 건축 위원장은 건축 현장에 나와서 일일이 건축 현장을 돌아보고 물자를 사서 공급해 주는 일을 해야만 했다. 따라서 그는 성전 건축 공사를 돌아보아야 하기 때문에 가족 회의를 하여 만장일치로 합의를 하고 직장에 사표를 낸 뒤 전적으로 공사장에 나와 일을 하며 감독하며 헌신을 했다. 한 가정의 가장이 직장을 그만둔다는 것은 보통 어려운 결단이 아니었다. 그러나 그는 기도 중에 결정하고 하나님을 위하여 성전 건축을 통해 전적으로 헌신한 것이었다. 가족 회의에서도 부인 최 집사는 말할 것도 없이 어린 자녀들까지 아버지의 결단에 찬성을 했다. 가족들의 마음을 누가 움직였겠는가? 하나님이 하신 것이다.

그래도 우선 가족이 먹고는 살아야 하지 않겠는가? 그래서 나는 최저 생활비 20만 원을 그에게 주었다. 그랬더니 그는 그 다음 주일에 20만 원을 그대로 헌금했다. 그리고는 하나님이 먹는 것을 책임져 주실 테니까 걱정하지 말고 절대로 다시는 돈을 주지 말라고 강력히 거절하였다. 그 바람에 나는 딱 한 번 20만 원을 주고는 중단하고 말았다. 대신 하나님께 기도할 뿐이었다.

"한 집사의 마음과 정성을 아시는 주님, 헌신자의 생활을 책임져 주시고 필요한 물질을 허락하여 주시옵소서! '여호와 이레' 하나님을 믿습니다."

그 후 한 집사의 여섯 식구는 오늘까지 한 사람도 굶지 않고 잘 살고 있다. 그뿐 아니라 어릴 때부터 신앙으로 자란 아이들이 커서 믿음으로 잘 살고 있을 뿐 아니라, 큰 아들은 서울신학대학교를 졸업하고 지금 전도사로 서울에서 교회 봉사를 하고 있다. 참 감사한 일이다. 최 집사는 지금은 최정희 권사가 되어 교회의 궂은 일을 혼자서 도맡아 하고 있다. 그리고 최 권사의 남편 한 집사는 그 후 장로가 되어서 지금까지 내덕교회에서 충성하고 있다. 그분이 바로 한명인 장로이다.

술집이 교회 정문으로

교회 정문 옆에 술집이 있었다. 그러니까 교회 마당에 술집이 있는 것과 같은 꼴이었다. 그 술집 때문에 교회 정문이 한쪽 옆에 작게 자리를 잡고 있었다. 아무래도 그 술집을 교회에서 사야만 교회 꼴이 될 것 같았다. 그래서 성도들과 함께 그 술집이 교회 터가 되게 해 달라고 기도를 시작했다. 교회 정문 옆이니까 신자들이 교회 오고갈 때마다 술집 담을 손으로 건드리면서 "이 술집을 교회 땅으로 등기 이전시켜 주시옵소서!"라고 기도를 했다. 그러나 성전을 다시 지으려고 계획하고 성전 건축을 시작하려고 하기까지 아무런 반응이 없었다. 오히려 술집은 돈을 들여서 길가 가게를 수리하고 있었다.

우리가 얼마나 큰 소리로 그 술집을 달라고 기도했던지 그 술집에서 우리의 기도를 들었다. 그들은 비웃기 시작했다. 우리 옛말에 "떡 줄 사람은 생각도 하지 않고 있는데 김칫국부터 마신다."는 말이 있다. 술집 주인은 그곳에서 더 오래 살려고 돈을 들여가며 집을 수리하고 있는데, 교회는 그 술집을 달라고 기도하고 있으니 그들이 교회를 비웃을 수밖에 없는 일이었다. 비웃든지 말든지, 집을 수리하든지 말든지 우리는 계속 기도했다. 신앙인은 주변 환경을 바라보며 영향을 받으며 사는 사람이 아니지 않은가? 우리는 하나님을 바라보고 사는 사람들이고, 필요하면 구하는 사람들이 아닌가! 그 술집이 교회에는 꼭 필요하기 때문에 술집을 달라는 기도는 끊이지 않고 계속되었다.

그러던 어느 날 왁자지껄 싸우는 소리가 들렸다. 술집 주인과 옆집 주인 사이에 싸움이 붙었다. 큰 소리로 싸우는 것이었다. 싸우는 사연을 들어 보니 옆집 주인이 술집 주인에게 "왜 남의 터를 차지하고 있느냐?" 하고 싸우는 것이었다. 처음에는 TV 안테나 선이 지나가는 것 때문에 술집 주인이 시비를 건 것이었다. 그러니까 옆집 주인은 왜 남의 땅을 차지하고 있는 주제에 말이 많으냐고 하면서 그러면 자기 땅을 내놓으라는 것이었다. 우리 동네는 땅이 엉망이었다. 지적도 상으로 남의 땅을 차지하고 집을 짓고 사는 사람들이 많이 있었다. 물론 고의로 그렇게 된 것은 아니지만 자기 땅의 경계를 잘 모르고 있었다. 그래서 남의 땅을 차지하여 사용하고 있으면서도 그것이 자기 땅인 줄 착각하고 있는 사람들이 꽤 많았다.

그런데 이상한 일이다. 술집 주인과 옆집 주인이 소리 높여 싸우는데, 그것을 말릴 생각은 나지 않고 우리의 기도에 반응이 나타나는 것처럼만 느껴졌다. 술집을 달라고 하나님께 기도하고 있는 우리들에게는, 술집 주인이 이사를 갈 수밖에 없는 여건이 이루어지는 것만 같아서 마음이 싫지 않았다. 꼭 비가 오게 해 달라고 기도하는 엘리야의 기도에 손바닥만한 구름이 떠오르는 것 같은 느낌이 들었다. 그래서 은근히 이런 마음이 들었다. '열심히 싸우세요! 우리는 열심히 기도하겠습니다.' 그리고 이런 기도가 나왔다. "주여! 술집이 머지않아서 교회 땅으로 등기 이전될 줄로 믿습니다."

며칠이 지난 어느 봄날이었다. 아지랑이가 피어오르고 새싹이 돋아나는 따뜻한 봄날 아침, 그 좋은 날에 또 언성이 높아지며 싸우는 소리가 들렸다. '이 좋은 날에 왜들 싸우나?' 하고 밖에 나가 보았더니 술집 주인과 옆집 주인과 또 싸움을 시작한 것이었다. 이제는 전날보다도 더 강도가 높은 싸움이 벌어졌다. 이래서는 안 되지만 나는, "그래 열심히들 싸우세요!"라고 중얼거렸다. 그런데 싸우다가 옆집 사람이 한 마디를 한다. "야 이놈아, 남의 땅을 차지하고 억지 쓰지 말고 내놓든지, 아니면 차라리 너의 집을 나에게 팔아라! 그러면 내가 살게." 그 말을 들은 술집 주인이 되받아치듯 소리를 지른다. "야 이놈아! 이 집을 팔려면 네 놈한테는 안 판다. 내가 미쳤냐? 이 집을 너한테 팔 바에는 교회에다 팔겠다!"

나는 술집 주인의 말 중에 "이 집을 팔 바에는 교회에 팔겠다."라는 말에 정신을 퍼뜩 났다. "그러면 그렇지. 우리의 기도가 응답이 되는구나." 하는 생각에 기분이 꽤 좋았다. '말이 씨가 된다'는 말이 있다. 술집 주인이 한 그 말은 아무래도 주님께서 그렇게 하라고 시킨 것같이 느껴졌다. 술집 주인인들 별 수 있나? 하나님이 하라고 하시면 해야지!

벌어지는 상황이 아무래도 술집이 교회로 넘어올 날이 가까워 온 것만 같았다. 그래서 우리는 더욱 간절히 기도를 했다. "술집이 교회 땅이 될 줄로 믿습니다."

성전을 지으려고 옛 예배당을 허물고 대지 측량을 해 보았다. 그리고 지적도를 확인해 보니까 우리 교회가 술집 땅을 좀 차지하고 있는데 만약 술집이 그 땅을 찾아간다면 우리 교회는 설계대로 지을 수도 없고, 교회 마당은 반쪽이 될 수밖에 없는 처지였다. 이쯤 되고 보니 술집을 교회가 꼭 사야 한다는 필연적인 결론이 날 뿐 아니라, 빨리 사야겠다는 조급한 마음까지 생겼다. 그러나 아직 술집 주인은 그 사실을 모르고 있었다.

며칠이 지난 어느 날 복덕방을 하는 분이 나를 찾아왔다. 술집을 내놓았는데 교회가 사면 좋겠다고 흥정을 붙이는 것이었다. 이야기를 들어 보니 값이 비싸게 느껴졌다. 그래서 나는 너무 비싸다고 말하며 거절을 했다. 속으로는 꼭 필요한 것이지만 좀 내숭을 떨었다. "우리는 그 집을 살 필요가 없습니다. 안 사겠습니다. 가격이 너무 비쌉니다. 가격이 너무 비싼데 만약에 싸게 판다면 한번 생각해 보겠습니다." 그 복덕방 주인은 이상하다는 듯 가 버렸다.

얼마 후에 다른 복덕방 주인이 또 찾아왔다. 술집은 아무래도 교회가 사면 좋을 것 같아서 말씀드린다면서 웬만하면 사라고 종용을 했다. 그래서 나는 또 내숭을 떨며 말했다.

"우리는 지금 예배당을 지어야 합니다. 이제 막 공사가 시작되어야 하는데 돈이 어디 있습니까? 공사비도 모자라는데 그 집을 어떻게 삽니까? 그리고 그 집 값이 너무 비쌉니다. 그리고 앞으로 예배당이 우뚝 서면 누가 교회 앞에 있는 집을 사겠습니까? 팔려면 지금 싸게 파는 것이 좋을 것입니다. 만약에 싸게 파신다면 생각해 보겠습니다."

성전을 지으려고 옛 예배당 건물을 다 철거하였다. 이제 본격적인 공사가 막 진행되려고 하는 어느 날, 술집 주인이 직접 찾아왔다. "제가 지금 다른 곳에 집을 마련하고 있는데 돈이 필요합니다. 교회에서 우리 집을 사시지요." 하면서 집값을 제시하는데 복덕방 주인이 말하는 것보다 싸게 말을 했다. 그러면서 자기는 싸게 파는 것이라고 토를 붙였다.

나는 이제야 때가 되었다고 생각하고 술집 주인에게 말문을 열었다. 조용하고 차분히 말을 했다. 그리고 순간 하나님께 어떤 말을 해야 할지 인도해 달라고 속으로 기도를 했다.

"아저씨! 이웃간에 함께 살다가 헤어지게 되어서 서운하네요! 아저씨가 집을 교회에 팔려고 하시는 것은 참 복된 생각입니다. 그런데 우리 교회가 지금 돈이 없습니다. 공사비도 모자랍니다. 그러나 아저씨의 뜻대로 교회가 이 집을 사면 좋겠지요. 지금 동네에서는 교회를 크게 짓는다고 좋아들 하십니다. 이렇게 후진 동네, 말만 '새 동네' 지 어디 새 동네입니까? 이런 곳에 예배당 건물이 우뚝 서면 이 동네가 삽니다. 이 교회 건물 때문에 동네가 확 달라질 것입니다. 그러면 동네의 가치가 달라질 것입니다. 그래서 모두들 좋아하고 있고, 마음으로라도 후원을 하고 있습니다. 그러니 아저씨도 비록 동네를 떠나시지만 교회를 새로 짓는 데 헌금하시는 마음으로 100만 원만 더 깎아 주세요. 그러면 제가 당장 계약하겠습니다. 그러면 아저씨도 참 복된 일을 하시는 것입니다."

나의 말을 듣고 있던 술집 주인은 숨을 죽이고 잘 듣더니 "목사님, 그러면 잠시만 시간을 주세요. 제 아내와 함께 의논을 하고 곧 말씀을 드리겠습니다." 하고 그의 집으로 들어갔다.

아마 그 집도 아내가 최종 결재자인 것 같았다. 그래서 나는 또 기도했다. "주여, 주의 뜻을 이루소서!" 그런데 말을 그렇게 해 놓았지만 간단한 문제는 아니었다. 지금 2억 원이 소요되는 성전 건축을 시작하면서 가진 돈이라고는 고작 3,000만 원 정도밖에 없었다. 그런데 만약 그 술집을 산다면 무슨 돈으로 공사를 시작한단 말인가? 보통 문제가 아니었다.

조금 후에 술집 주인이 또 찾아왔다. "목사님 그렇게 하시지요." 그래서 당장 계약서를 썼다. 50평 정도 되는 것을 1,400만 원에 구입하기로 하고 은행에 달려가서 우선 계약금을 찾아 계약을 하고 술집을 샀다. 성전 건축 기금은 하나님이 또 허락해 주실 것이라 믿고 용기를 내서 술집을 산 것이다. 꼭 필요한 땅이기 때문이었다. 술집을 사는 과정의 모든 역사가 신기하기만 하였고, 나는 성령에 이끌려 순종만 하였다.

그런데 이게 웬일인가? 술집을 사서 교단에 등기 이전을 마치자마자 청주국제공항 계획이 발표되면서 땅값이 뛰는데 우리가 산 술집 땅 값이 4배 이상 뛰었다. 정말 하나님의 하시는 일은 너무 신기하고 놀랍다. 술꾼들이 술을 마시고 게걸대던 그 술집이 얼마 동안은 성도들의 성전 건축을 위한 기도처로 사용되다가 나중에는 술집을 허물고 아름다운 교회 정문을 만들게 되었다. 참으로 놀라운 일이었다.

술집이 변하여 새 술이 흘러넘치는 은혜로운 교회 정문이 되었으니…, 정말 "할렐루야!"다.

만약 그때 그 술집을 사지 못했다면 어떻게 되었을까? 교회 앞이 콱 막혔을 테니 생각만 해도 아찔하고, 그러기에 하나님께서 몰아치시는 역사가 감사하기 한이 없었다.

우리가 술집을 구입한 후에 멀리 이사 간 술집 딸의 말이 바람을 타고 우리에게 들여왔다.

"예수 믿는 사람들의 기도가 세긴 센가 봐. 우리가 오래 살려고 집을 수리할 때 신자들이 우리 집을 교회의 것이 되게 해 달라고 기도해서 '헛소리들 하고 앉았네.' 하고 생각했는데 결국 우리 집이 교회로 넘어갔으니, 참 이상한 일이야! 기도의 힘이 세기는 센가 봐."

금식 기도로 문제를 풀어 가다

성전을 건축하기 위하여 예배당을 다 헐어 버렸다. 이제 본격적으로 성전 건축의 역사가 벌어지는 것이었다. 돈 없이 짓는 일이기에 어려운 일이기는 하지만, 새로운 역사를 벌이는 우리의 마음은 희망에 넘쳐 있었다. 때가 봄이기도 하지만 우리 신자들의 마음에도 봄이 온 것이었다. 새 성전이 지어진다는 것은 생각만 해도 가슴이 울렁이는 일이었다.

그런데 따뜻한 봄날 갑자기 찬바람이 불고 눈이 내리는 이상 기온이 있듯이, 성전 건축이 은혜롭게 시작되면서 이런 이상 기온이 닥쳤다. 초반부터 문제가 발생한 것이었다. 설계도대로 성전을 지으려고 하다 보니 문제가 생겼다. 문제는 교회 옆집이 우리 교회 땅을 많이 차지하고 있는 것이었다. 이런 사실을 우리는 전혀 몰랐다. 나중에 알고 보니 동네 전체가 무질서하게 집들을 지어서 이토록 남의 땅에 집을 지은 집들이 많았다. 하기야 옛날에 시골 사람들이 무슨 지적도를 알기나 하겠나? 자기 땅의 지적도를 떼어 보고 집을 지었겠는가?

그래서 설계도대로 성전을 지으려면 옆집과의 담을 허물어 버려야만 했다. 담까지 건물이 들어서야 하기 때문이었다. 그래서 성전을 짓고 나중에 담을 다시 치면 될 것이라 생각하고 담을 허물기 시작했다. 그런데 담을 허물자 옆집에서 시비를 걸어왔다. 허락 없이 담을 허물었다고 고소를 하겠다는 것이었다. 아직 담을 몽땅 허문 것도 아니고 허물기 시작했을 때였다. 어쨌든 그 담을 허물어야 성전을 지을 수 있었다.

나중에서야 안 것이지만, 비록 내 땅에 남이 집을 지었어도 함부로 헐 수 없다는 법이 있었다. 그러니 어쩌겠는가? 양해를 하라고 해도 막무가내였다. 그래서 교회 땅을 당신들이 차지하고 있으니 그것을 돌려주어야 하겠다고 말해도 자기 땅이라고 억지를 부렸다. 그래서 측량사를 불러서 땅을 측량을 했다. 측량 결과는 우리 교회에서 말하는 대로 나왔다. 그 이웃집이 우리 교회 땅을 차지하고 있는 것이었다. 그것도 많이 차지하고 있었다. 그러나 그 사람은 교회에서 잘 아는 측량사를 불러다가 했다고 억지를 부리며 측량사의 말을 믿지 않았다. 그토록 억지를 부리는 이웃 사람은 공무원이었다. 공무원이 억지 부리는 것이었다.

그래서 그 공무원이 측량사를 불러서 다시 측량을 하게 했다. 역시 측량 결과는 전과 동일했다. 그러나 그는 그 측량 결과를 승복하지 않았다. 자기가 불러서 측량을 한 것임에도 불구하고 그 측량사의 말을 믿지 않고 그 측량사가 측량을 잘못했다고 억지를 부렸다.

자기도 공무원이면서 측량사의 측량을 엉터리라고 말하는 것이었다. 그런 공무원이 국가의 일을 하고 있다는 것이 한심하기만 했다. 무조건 자기 주장만 옳다고 주장하는 것이었다.

"동대문이 어떻게 생겼느냐?" 하는 것을 가지고 서울 사람과 시골 사람이 서로 우기며 다투다가 서울 사람이 졌다는 이야기가 생각났다. 막무가내로 무식하게 우겨대는 사람은 당해 낼 수가 없다는 말이다. 그런 무식하고 예의가 없는 사람이 국가의 일을 하고 있으니 이 나라가 어떻게 되겠는가? 참으로 우리 교회 문제만이 아니고 나라 걱정까지 되었다.

우리가 법적으로 대응하면 그 사람이 사용하고 있는 교회 땅을 다시 찾을 수 있었다. 그러나 그것은 상당한 기간이 걸렸다. 그러나 우리는 시간적인 여유가 없었다. 벌써 예배당을 헐어 버렸고, 빨리 새 성전을 지어야만 했다. 아무래도 땅을 도로 찾으려면 최소한 6개월 이상은 걸릴 것 같았다. 그래서 하는 수 없이 그 공무원을 달랬다. 당신의 집에 있는 우리 땅을 지금 당장 찾지 않을 테니 담을 허무는 것만 이해하라고 했다. 그러면 성전을 지은 후에 담도 잘 쌓겠다고 했다. 그러나 그는 막무가내였다. 그렇다고 교회가 그 사람과 싸울 수도 없었다. 상대가 교회였으니 망정이지 만약 다른 상대였다면 그 사람은 그렇게 오랫동안 억지를 쓰지 못했을 것이다. 정말 우리가 신앙인이 아니었다면 그 사람은 그때 온전하지 못했을 것이고 병원 신세를 졌을 것이었다. 일반 세계에서 말 안 듣고 억지를 쓰는 사람을 무엇으로 다스리겠는가? 매밖에는 없는 것이었다. 여러 차례 직원들이 그를 방문하여 좋은 말로 일렀으나 듣지 않았다. 아무리 양해를 하라고 좋은 말로 권유를 해도 소용이 없었다. 들어갈 바늘구멍도 없는 사람이었다.

주일 예배 시간이었다. 마을 회관을 빌려서 예배를 드리고 있었는데 설교 전 강대상 뒤에 앉아 기도하는 시간에 마음에 감동이 왔다. 지금의 문제를 해결하는 데는 '기도밖에는 없다'는 생각이 들면서 금식 기도를 해야겠다는 생각이 강렬하게 떠올랐다. 그래서 그날 설교를 마친 후 광고 시간에 금식 기도를 선포했다.

"내일 하루 금식을 선포합니다. 교회 문제를 해결하기 위하여 금식 기도를 드리겠습니다. 그리고 내일 새벽(4:30), 정오(12시), 밤(7시) 세 차례 교회에서 기도회를 갖겠습니다. 온 교우 함께 세 차례 나와서 금식 기도에 임해 주시기 바랍니다."

다음 날 예정대로 새벽과 정오와 밤 시간에 성도들이 함께 모여 특별 기도회를 했다. 금식하고 기도하는 것이기에 기도회 시간에 성도들은 열심히 기도를 했다. 정말 무언가 이루어지는 듯했다. 하루 금식이지만 힘들어하는 성도들도 있었다. 자장면이 눈에 어른거린다는 등, 라면이 눈에 왔다 갔다 한다는 등 음식 먹고 싶은 여러 가지 표현들을 했다. 그리고 빨리 밤 12시가 되기를 바라는 신자들도 있었다. 금식에서 해방되면 밥을 먹고 싶어서 그런 것이었다. 예수 재림을 그렇게 기다린다면 얼마나 좋겠는가? 그러나 담임 목사의 말에 순종하여 모두 하루 종일 금식하며 기도를 했다.

> "나의 기뻐하는 금식은 흉악의 결박을 풀어 주며 멍에의 줄을 끌러 주며 압제당하는 자를 자유케 하며 모든 멍에를 꺾는 것이 아니겠느냐"(사 58:6).

월요일 밤 7시 금식 기도회로 모여 열심히 기도하고 집으로 돌아가는데 이상한 말이 들려왔다. 그 못된 이웃집 주인의 마음이 달라졌다는 것이었다. 이유인즉슨 교회 직분자들이 그 집의 교회 땅을 당장 법적으로 찾자고 하는데 목사님이 하시는 말씀이 "이웃간에 그렇게 야박하게 하면 안 된다."고 말리고 있다는 것으로 그 주인이 알고 있다는 것이었다. 그래서 그 주인이 마음을 누그러뜨리고 양보할 뜻을 가진 것 같다는 소식이 들려왔다. 그 주인이 알고 있는 내용과 우리의 형편과는 사정이 달랐다. 어쨌든 그 사람의 마음이 달라졌기에 다음 날 그가 근무하는 청원군청으로 찾아갔다.

다방에 앉아서 이야기를 꺼냈다. 그랬더니 그는 전날과는 마음이 180도 달라져서 순순히 담 허문 것에 대해 양해한다고 하면서 나에게 당장 그 집에 들어가 있는 교회 땅을 찾아가지 않겠다고 약속해 달라고 사정을 했다. 어떻게 이렇게 못된 인간이 하루아침에 바뀌었는가? 이유는 단 한 가지였다. 그 사람이 좋은 사람으로 바뀐 것이 아니었다. 하나님이 우리들의 금식 기도를 들으시고 성전 건축의 걸림돌을 치워 주신 것이었다. 어쩌면 그렇게 금식 기도가 효험이 빠른지 신기할 정도였다.

그래서 성전 건축이 시작되었다. 성전 건축 초반부터 어려움이 생겼으나 금식 기도로 금방 문제를 해결하여 성전 건축이 진행되게 된 것이었다. 여기에도 하나님의 깊은 뜻이 담겨 있었다. '만민의 기도하는 집'인 성전은 기도로 시작하여 기도로 지어야 한다는 깊은 교훈을 심어 준 것이었다. 문제가 있는 곳에는 반드시 해답이 있다. 문제를 정답으로 푸는 방법은 기도이다. 문제가 너무 어려울 때는 금식 기도를 하면 된다. 그래서 성전 건축 공사를 시작하면서부터 공사를 끝맺고 성전을 하나님께 봉헌할 때까지 온 교우가 40일 기도회를 세 번이나 했다. 기도로써 일을 한 것이었다.

그렇게 못되게 굴던 그 공무원은 그 후 병들어 세상을 떠났다. 그러나 성전은 순조롭게 지어져 아름다운 자태를 자랑하며 지금도 우뚝 서 등대처럼 빛을 발하고 있고, 방주처럼 많은 사람들을 구원하는 구원선으로 사명을 다하고 있다. 금식 기도 다음에는 반드시 기쁨의 날이 온다. 참으로 신기한 일이다. 할렐루야!

봄 날씨가 더 청명하고 불어오는 봄바람이 내 마음을 더욱 설레게 한다. 라디오에서는 봄노래가 싱그럽게 들려왔다. "봄의 교향악이 울려 퍼지는…."

준비하시는 하나님

성전 건축 공사를 막 시작하기 위해 옛 성전을 허물기로 하고 사천동에 있는 마을 회관을 임시 예배 처소로 사용하도록 다 정해 놓았다. 그런데 문제가 생겼다. 따뜻한 봄 햇살이 뜨겁게 느껴지는 어느 날, 교회 앞에서 포클레인 소리와 함께 집이 허물어지는 소리가 요란하게 들려왔다. 교회 정문 앞 길은 좁아서 트럭 한 대가 겨우 다닐 정도였다. 그런데 교회 정문 앞집이 집을 다시 지으려고 집을 허물고 터를 고르기 위하여 포클레인이 들어와서 공사를 먼저 시작한 것이었다. 우리도 성전을 지어야 하는데 그 앞집이 먼저 공사를 시작했으니 보통 불편한 일이 아니었다. 어떻게 그 좁은 골목길에 양쪽 집의 공사 차량들이 오갈 수 있겠는가? 이것은 공사를 시작해야 할 우리들에게는 보통 문제가 아니었다. 그러나 어쩌겠는가? 공사를 하지 말라고 할 수는 없지 않은가? 하는 수 없이 걱정만 하고 있었다. 그래서 우리는 하나님께 이런 기도를 했다.

"하나님! 저 집의 공사를 조금만 좀 늦게 하도록 해 주시지 왜 먼저 하도록 허락하셨습니까?" 우리는 하나님의 역사하심의 깊은 뜻을 잘 모른다. 하나님의 깊은 뜻을 깨닫는 데는 상당한 시간이 걸린다. 그러나 분명한 것 하나는, 우리의 머리로 이해가 되지 않는 일이 전개되어도 하나님의 역사는 치밀하게 전개되고 있다는 사실이다.

이제 모든 것이 준비되어 드디어 우리 교회 성전 건축 공사가 시작되었다. 옛 예배당 건물이 삐그덕! 쾅! 소리를 내며 무너져 내렸다.

'파괴는 건설의 어머니'라는 말이 있듯이 건설의 역사가 일어나고 있음을 실감하니 기분이 매우 좋았다. 옛 예배당 건물의 잔재가 사라지고 포클레인이 등장하여 땅을 파기 시작했다. 그리고 대형 트럭이 드나들며 흙을 실어 나르는 역사가 벌어졌다. 그런데 이게 웬일인가? 앞집에서 공사를 먼저 시작했는데 집터만 잘 닦아 놓고는 공사를 하지 않는 것이 아닌가?

만약에 그 앞집이 집을 허물지 않고 그대로 있었다면 우리는 공사하기 매우 어려울 뻔했다. 앞 골목 길이 너무 좁아서 큰 트럭이 교회 마당 안에 들어와 서 있을 자리도 비좁고 포클레인이 흙을 떠서 실을 때 트럭이 서 있을 자리가 없었다. 그런데 그 앞집이 집을 허물고 집터를 잘 닦아 놓았기 때문에 그 터를 이용하여 트럭이 자유자재로 움직이며 돌아 나올 수가 있었다. 그 앞집은 우리 교회 공사가 진행되는 동안 계속 일을 하지 않았다. 왜 일을 중단하게 되었는지 그 집 사정은 잘 모른다. 그러나 한 가지 분명한 것은 하나님께서 그들에게 공사를 중단하도록 여건을 조성하신 것이 분명했다.

"여호와 이레." 우리 교회 공사를 위해서는 트럭이 돌아 나올 터가 필요하기에 하나님께서 앞집 사람의 마음을 움직여 먼저 공사를 시작케 하여 집을 허물어 터를 마련하도록 하신 것이었다. 이토록 하나님의 깊은 뜻이 있음을 우리는 알지 못하고 왜 그 앞집이 공사를 먼저 시작하도록 하나님이 허락하셨느냐고 의문을 제기했으니 인간이 미련해도 보통 미련한 것이 아니다. 정말 하나님의 치밀하신 역사는 우리를 깜짝깜짝 놀라게 할 때가 많다.

우리가 성전을 짓느라고 일을 하고는 있으나 성전을 건축하도록 총지휘를 하고 있는 분은 하나님이 아니신가? 성전 건축의 총감독은 하나님이시다. 그러므로 문제가 되는 것은 하나님이 풀어 가시는 것이다. 우리를 위하여 모든 것을 준비하시는 '여호와 이레' 하나님을 확인한 사건이 성전 건축을 시작하면서 일어난 것이었다.

"하나님! 하나님의 역사는 너무 치밀하십니다. 이번 성전 건축은 하나님이 총감독이 되셔서 진행하신다는 것을 깨달았습니다. 성전 건축이 은혜롭게 진행될 것을 믿습니다."

교회 일 하다가 허리 병 고침 받음

성전을 건축하다 보니 시행착오가 많았다. 흔히들 하는 말이 "성전 건축은 세 번 해 보아야 마음에 들게 성전을 지을 수 있다."고 한다. 성전을 다 짓기도 전에 마음에 들지 않는 것이 많았다. 설계한 것이 마음에 들지를 않아서 중간 중간 설계를 변경하는 일이 생겼다.

자모실을 2층 본당 뒷부분에 넣기로 설계를 해서 그대로 벽돌을 쌓아올렸다. 그런데 넓지 않은 본당에 자모실까지 있으니 더 협소하고 답답해 보였다. 그래서 자모실을 준3층으로 올리기로 하고 쌓아올렸던 벽돌을 허물어 내렸다. 손해가 되는 일이지만 어쩔 수가 없었다. 본당이 답답한 것보다는 낫다고 생각되었기 때문이었다.

그래서 자모실 벽을 쌓다가 허물어 놓은 벽돌이 한 옆에 쌓여 있었다. 그러던 어느 날 김행덕 집사가 허리에 병이 생겼다. 허리를 움직이기가 매우 어려웠다. 그때 김 집사는 이런 생각을 했단다. '우리 목사님도 죽을 병에 걸렸을 때 병원에서 열심히 전도하다가 병 고침을 받았고, 늘 목사님이 강단에서 강조하시던 말씀이 있었지.'

"병 고쳐 주면 열심히 주를 위하여 일하겠다고 하지 말고, 병든 몸으로라도 열심히 주께 충성하라. 하나님이 주를 위하여 일하는 자에게는 건강이 필요하시면 건강 주시고, 물질이 필요하면 물질 주시고, 사람이 필요하면 사람을 보내 주신다."

그래서 김 집사는 망치를 들고 성전 건축 현장에 나타났다. 자모실을 지으려다가 허물어 버린 벽돌을 자신이 정리해야겠다는 생각을 한 것이다. 그 일을 하면 하나님이 아픈 허리를 고쳐 주실 것이라는 믿음이 생긴 것이었다. 김 집사는 망치를 들고 나타나 벽돌 정리를 하기 시작했다. 벽돌에 시멘트가 붙어 있는 것을 망치로 두들겨서 다시 벽돌을 사용할 수 있도록 최대한 노력을 했다. 허리 아픈 사람이 구부리고 앉아서 벽돌에 붙은 시멘트를 쪼아 내며 망치질하는 것이 결코 쉬운 일은 아니었다.

김 집사는 누가 시킨 것도 아닌데 오직 믿음의 힘으로 그 일을 하루 종일 했다. 땀을 뻘뻘 흘리면서 일을 했다. 신앙인의 행동 중에는 불신앙의 사람들이 볼 때 이해할 수 없는 것들이 많이 있다. '환자가 요양을 해야지 일을 해?' 그러나 김 집사는 믿음으로 일을 했다. 그러니 하나님께서는 얼마나 대견하고 귀엽게 보셨을까? 하루 종일 일을 마치고 일어서서 수돗가에서 손을 씻었다.

비록 아프지만 주님의 몸 된 교회를 위하여 일한다고 생각하니 마음은 기쁨으로 가득 차 있었다. 이런 기쁨은 주님께 충성, 봉사를 해 본 사람만이 알 수 있다. 육신은 괴롭지만 마음이 기쁘면, 마음의 기뽑이 육신의 괴로움을 능히 이겨 낼 수 있는 것이다. 망치를 들고 성전 공사장을 빠져 나가는 김 집사의 허리의 통증은 멀리 사라져 버리고 말았다. 허리가 깨끗이 나은 것이었다. 할렐루야!

세상에서 이루어지지 않은 신비한 일들이 믿음의 세계에서는 많이 일어나고 있다. 그래서 믿음의 생활은 너무너무 재미가 있다. 김 집사는 지금 권사로 봉사하고 있다.

"하나님! 주님은 너무 재미있으신 분이십니다. 우리 모든 성도들에게 이런 체험을 계속 할 수 있도록 축복하시옵소서!"

교회 공사장에만 비가 안 와

그날은 성전 건축 중에 슬래브를 치는 날이었다. 그런데 일기 예보가 청주에 비가 많이 온다는 것이었다. 비가 오면 안 되는데 비가 온다니 어떻게 하겠는가? 공사를 뒤로 미룰 수 없는 상황이었다. 그래서 그대로 강행하기로 하고 하나님께 비가 오지 않게 해 달라고 기도를 했다. 우리 교회 행사 때마다 하나님은 비가 오지 않도록 해 주셨기 때문에 우리는 확신을 가지고 기도를 했다. 그때는 비가 오지 않아도 농사꾼들에게 해가 되지 않을 때이기 때문에 비가 오지 않도록 기도해도 거리낄 것이 없었다.

엘리야 선지자가 믿음의 기도를 드릴 때 3년 6개월 동안 비가 오지 않았고, 다시 비를 오게 해 달라고 기도할 때 하늘 문이 열려 많은 비가 온 역사를 우리는 많이 들어 왔다.

"엘리야는 우리와 성정이 같은 사람이로되 저가 비 오지 않기를 간절히 기도한즉 삼년 육개월 동안 땅에 비가 아니 오고 다시 기도한 즉 하늘이 비를 주고 땅이 열매를 내었느니라"(약 5:17-18).

엘리야는 우리와 같은 성정을 가진 사람이라고 했다. 그러면 우리도 기도하면 응답을 받지 않겠는가? 일기 예보로는 비가 온다고 했지만 우리는 비가 오지 않도록 해 달라고 열심히 기도를 했다. 온 성도들이 엘리야와 같은 믿음을 가지고 기도했음이 확실했다.

다음 날 공사는 진행이 되었다. 우리의 기도는 응답되었다. 아침부터 하늘이 맑게 개였고, 온다던 비는 오지 않았다. 그런데 참으로 이상한 일이 벌어졌다. 시내에서 공사장을 찾아온 사람이 이상해 했다. 시내에는 비가 오는데 이곳은 비가 오지 않는다는 것이었다. 같은 청주 안에서 어느 곳은 비가 많이 오는데 어느 곳은 비가 오지 않고 개였으니 정말 이상한 일이기는 했다. 알고 보니 그날 하루 종일 사직동까지는 비가 많이 왔는데 성전 건축 공사가 진행되고 있는 내덕동 새 동네에는 하루 종일 비가 한 방울도 오지 않았다.

이때 무슨 말을 해야 하겠는가? "할렐루야!" 우리의 기도를 들으신 하나님께 감사와 찬송과 영광을 돌릴 뿐이다. 성전 건축은 하나님이 하시는 것이었다. 성전을 건축하는 동안 재미있는 일들이 계속 일어났다. 그러니까 어려운 중에서도 성전 건축을 할 수 있었던 것이었다. 하나님의 은혜가 임하면 무슨 일이라도 할 수 있는 것이다. 하나님의 은혜로 진행되는 성전 건축은 은혜롭게 완성될 것이 확실했다.

'내일은 무슨 재미있고 은혜로운 일이 일어날까?' 기대가 되었다.

별나게 역사하시는 하나님

성전 건축은 건축업자인 김영락 집사에게 맡기고 우리는 물자를 사서 공급하기로 하고 공사가 진행되었다. 직영으로 공사를 하도록 한 것이었다. 그러나 돈을 가지고 시작한 것이 아니라 물자를 사서 공급하며 임금을 중간 중간 주어야 하기 때문에 늘 걱정을 안고 공사를 진행할 수밖에 없었다. 돈이 없기 때문에 우리 성도들이 늘 입버릇처럼 기도한 것이 있다.

"은도 내 것이요, 금도 내 것이라고 말씀하신 주여! 성전 건축비를 허락해 주시옵소서!"

그런데 임금을 지불하는 날짜만 되면 이상한 일들이 벌어졌다. 참으로 신기하고 놀라웠다. 하나님은 참으로 별나게 역사하시는 것을 체험했다. 참으로 하나님은 재미있는 분이시다.

김○○ 집사가 나를 찾아왔다. "목사님, 저를 위하여 기도해 주세요!" "왜 무슨 일이 있습니까?" 하고 묻자 김 집사는 나에게 이런 이야기를 했다. 어느 도시 변두리에 큰 야산 땅이 팔리려고 나왔는데 너무 싸게 나와서 자기가 계약을 했다는 것이었다. 그런데 그 중도금조차 낼 형편이 되지 않기 때문에 빨리 남에게 되팔아야 하겠다는 것이었다. 결국 그 땅이 빨리 팔리도록 기도해 달라는 것이었다. 가만히 들어 보니 부동산 투기처럼 느껴졌다. 그래서 그 집사에게 그런 일을 하지 말라고 타일렀다. 그러나 그 집사는 일은 이미 저질러진 것이니 어떻게 하겠느냐면서 앞으로는 안 할 테니 이번만 좀 봐주셔서 그 땅이 빨리 팔리게 해 달라고 기도해 달라는 것이었다. 그 땅이 빨리 팔리지 않으면 김 집사는 낭패에 빠질 위험에 있었다.

그 집사의 행위는 좋아 보이지는 않았지만 일을 저질러 놓았으니 어떡하겠는가? 그래서 새벽마다 그 땅이 빨리 팔리게 해 달라고 기도를 했다. 그런데도 땅은 팔리지 않고 중도금 낼 기간은 다가와서 그 집사는 안달을 하며 또 기도 부탁을 했다. 나는 기도를 하고 있다고 했으나 계속 기도를 해서 빨리 팔리게 해 달라고 요청을 했다.

내가 무슨 빚이나 진 것처럼 매일 나에게 졸라댔다. 일은 자기가 저질러 놓고 애매하게 나만 괴롭히고 있었다. '오죽 급하면 그렇게 하겠는가?' 하고 생각하니 딱하기도 했다.

그러던 어느 날 교역자 월례회가 있어서 서문교회에 갔다. 그날은 예기치 않게 일본 목사님이 와서 설교를 하게 되었다. 여 목사님을 만나러 온 일본 목사님이 오신 김에 교역자 월례회에서 설교를 하게 되셨다. 그날 설교를 듣고 있는데 갑자기 하나님의 말씀이 떠올랐다. 누가복음 11장 5-10절의 말씀이 떠올랐다. 어떤 사람이 밤중에 친구를 찾아가서 떡 세 덩이를 빌려 달라고 했다. 그는 자기에게 떡이 없기 때문에 친구를 찾아가서 떡을 빌려 달라고 한 것이다. 그러나 그 친구가 이미 잠을 자려고 침상에 누워 귀찮기 때문에 일어나서 떡을 주고 싶지 않으나 너무 간청하기 때문에 일어나서 구하는 떡을 주었다는 예화이다. 예수께서는 이 말씀을 하시고 말씀하시기를, "내가 또 너희에게 이르노니 구하라 그러면 너희에게 주실 것이요 찾으라 그러면 찾을 것이요 문을 두드리라 그러면 너희에게 열릴 것이니 구하는 이마다 받을 것이요 찾는 이가 찾을 것이요 두드리는 이에게 열릴 것이니라"(눅 11:9-10)라고 하셨다.

이 말씀이 떠오르면서 하나님이 하시는 말씀처럼 강력한 음성이 들려오는 듯했다.

"그 친구는 자기 친구의 먹을 문제를 해결해 주려고 밤중에 친구를 찾아가서 얻어 주었는데, 너는 집사가 그토록 어려운 형편에 처해 있는데 왜 가만히 있느냐? 김 집사를 위하여 산상에 올라가서 집중기도를 할 마음은 없느냐?"

그래서 나는 김 집사의 땅 팔리는 문제를 위하여 기도원에 가서 사흘 동안 금식 기도하기로 작정을 했다. 보따리를 싸 짊어지고 공주에 있는 주미산기도원에 올라갔다. 기도원으로 떠나면서 김 집사에게, "집사님의 땅 문제 때문에 기도하러 기도원에 가니 집사님도 열심히 기도하세요!"라고 말하고 기도원에 올라가 열심히 기도를 했다. 내 생애에 땅 팔아 달라고 금식하며 기도하는 것은 처음 있는 일이었다. 성령 충만을 위한 것이 아니고 집사님의 땅 투기를 돕는 기도를 하는 것 같아서 좀 부끄러운 마음은 있었지만, 하나님께 사정을 다 말씀 드리고 이번 한 번만 김 집사를 도와달라고 기도했다.

기도를 마치고 하산했다. 하나님이 잘 해결해 주실 것 같은 믿음은 있었으나 어떤 하늘의 음성을 들은 것은 아니었다. 그런데 내가 기도원에서 내려온 것을 알고 김 집사가 즉시 찾아왔다. 그리고 다그치면서 하는 말이 "목사님! 응답 받았습니까? 어떤 응답을 받았습니까?" 계시 받은 것을 말해 달라는 것이었다. 그래서 나는 다른 말은 할 것이 없어서 "땅 문제가 잘 해결될 테니 걱정하지 마시고 열심히 계속 기도하세요!"라고 대답을 해 주었다. 그랬더니 하는 말이 그런 말 말고 하나님께 계시 받은 것을 말해 달라고 졸랐다. 참으로 딱한 일이었다. 신자들은 목사가 기도원에 가서 금식 기도하면 하나님의 직접적인 음성을 듣고 계시를 받고 내려오는 줄 알고 있다. 김 집사가 아무리 다그쳐도 나는 할 말이 한 마디밖에는 없었다.

"염려하지 말고 기도하고 기다리세요! 잘 해결이 될 것입니다."

그 후 며칠이 지났다. 이른 저녁 시간에 김 집사가 또 나타났다. 사택에 들어오더니 자리에 앉아 기도를 하는 모습이 꽤나 즐거운 표정이었다. 기도를 마친 김 집사는 싱글벙글 웃으며 나에게 흰 편지 봉투를 하나 내밀었다. 그리고 숨을 몰아쉬며 급히 달려온 듯 땀을 닦았다. 아무래도 무슨 좋은 일이 생긴 모양이었다.

"목사님! 목사님이 기도해 주셔서 오늘 땅 계약을 했습니다. 목사님 감사합니다. 이 돈은 오늘 계약금으로 받은 돈인데 그대로 건축 헌금으로 바치는 것입니다." 할렐루야!

나는 이렇게 빨리 하나님이 응답하셔서 해결해 주실 줄을 몰랐다. 하나님은 나의 기도를 들으실 뿐 아니라 김 집사에게 목사의 체면을 세워 주신 것이다. 목사가 기도하니까 잘 해결되었다고 김 집사는 꽤 좋아하였다. 나의 체면을 세워 주시는 하나님이 너무너무 고마웠다.

정말로 하나님은 '좋으신 하나님'이시다. 복음 성가 "좋으신 하나님"의 2절처럼 "우리의 기도를 응답해 주시네, 참 좋으신 나의 하나님." 진정 참 좋으신 하나님이시다.

김 집사가 돌아간 후에 헌금 봉투를 열어 보니 500만 원짜리 수표가 들어 있었다. 그 주 토요일까지 주어야 할 임금이 500만 원이 필요했다. 하나님은 시간 맞추어 500만 원을 해결해 주신 것이었다. 때를 따라 돕는 은혜를 주시는 하나님께 감사와 영광이 절로 나온다.

그런데 며칠 후 김 집사가 또 찾아왔다. "목사님 땅 계약한 것이 해약이 되었어요." 나는 가슴이 철렁 내려앉았다. "왜요? 어떻게 된 것이에요?" 이야기를 들어 보니 계약한 사람이 아무래도 쓸모없는 땅을 잘못 산 것 같아서 해약을 하겠다고 찾아왔다는 것이었다. 그래서 결국은 해약이 되었다. 그러나 땅을 산 사람이 해약을 했기 때문에 계약금 500만 원은 돌려받을 수가 없게 된 것이었다. 생각지 않은 돈 500만 원이 그대로 굴러 들어온 것이 아닌가? 그리고 얼마 후에 그 땅은 다른 사람에게 팔렸다.

나는 이 사건을 보면서 너무 재미있으신 하나님이신 것을 새삼 느꼈다. 교회 건축비를 해결해 달라고 온 성도들이 기도하니까 하나님은 별나게 역사하시는 것이었다. 계약금 500만 원이 다시 해약되면서 잠깐 동안에 500만 원이 공짜로 생겨 성전 건축 헌금으로 쓰이게 된 것은 누구의 조종이겠는가? 재미있으신 하나님이 하신 것이었다.

그때 나는 깨달은 것이 있다. 하나님은 이런 일을 아무에게나 행하시지는 않는다. 우리 교회 성도들은 참으로 가난한 성도들이다. 그러나 성도들이 최선을 다하여 건축 헌금을 하고 노력을 하지만 역부족인 것을 아시고, 최선을 다한 자의 기도를 들으시고 응답하시는 하나님의 역사하심과, 문제 해결을 위하여 이상야릇한 기적적인 역사를 이루시는 하나님을 체험케 하신 것이다.

하나님은 참으로 우리를 웃기시는 분이시다. 아들을 낳지 못해 슬퍼하는 사라에게 이삭(웃음이란 뜻)을 낳게 하심으로 웃게 하신 하나님(창 17:19)은 지금도 계속 하나님의 자녀들을 웃게 만드신다.

"하나님 어쩌면 그렇게 재미있으십니까? 어쩌면 저를 이렇게 웃기십니까? 앞으로도 저를 많이많이 웃겨 주실 것을 믿습니다."

할렐루야!

어쩌면 정확하게 500만 원

성전 건축이 잘 진행되고 있었다. 하나님이 좋은 날씨도 허락하셨고, 좋은 사람들을 보내 주셔서 공사가 알차게 잘 진행되고 있었다. 성도들도 함께 나와 힘을 모아 봉사를 했다. 은혜로운 분위기 속에서 성전 건축 공사는 잘 진행되어 갔다. 문제는 공사 대금으로 줄 돈이었다. 어김없이 주기적으로 찾아오는 대금 지불은 우리에게 큰 걱정거리가 아닐 수 없었다.

다음 주 토요일에도 500만 원을 지불해야 했다. 그러나 돈은 없었다. 성도들이 헌금할 수 있는 여건도 아니었다. 그만한 돈을 낼 사람도 없었고, 이리저리 머리를 굴려 봐도 뚜렷한 해결 방법이 없었다. 그러나 돈은 꼭 필요했다.

어떻게 하겠는가? 우리는 기도만 할 뿐이었다. 그 동안에도 하나님은 우리의 기도를 들으시고 이런저런 방법으로 해결해 주시지 않

있는가? 또 한 번 하나님의 역사를 기대하였다.

그런데 어느 날 서문교회의 김○○ 집사가 찾아왔다. 내가 서문교회에 있을 때 늘 사랑해 주던 집사였다. 그분은 남편 없이 살면서도 하나님만을 의지하고 사는 신앙이 좋은 분이었다. 김 집사는 나에게 기도 부탁을 했다. 그 당시 정부에서는 집이 두 채 이상 있는 사람에게 많은 세금을 부과시켰다. 그 집사에게는 집이 두 채 있었다. 그래서 한 채를 속히 팔아야 하는데 팔리지를 않는다는 것이었다. 그래서 급한 마음에 나에게까지 찾아와서 기도 부탁을 하는 것이었다. 서문교회 담임 목사님에게도 부탁을 했겠지만 나에게까지 와서 부탁하는 것을 보니 상황이 급하게 되었구나 하고 생각을 했다. 나는 기도를 해 드리겠다고 말하고 새벽 기도회 때마다 그 집사의 집이 팔리게 해 달라고 기도를 했다. 성전 건축을 하느라고 기도할 것도 많은데 남의 교회 집사의 기도까지 하느라고 바빴다. 그러나 어떻게 하겠는가? 기도하겠다고 약속을 했으니 기도할 수밖에 다른 수가 있겠는가? 이왕 기도해 주는 것이니 날마다 간절히 기도를 했다.

"주님! 김 집사님이 오죽이나 급하면 저에게까지 와서 기도 부탁을 하겠습니까? 주님께서 김 집사님을 불쌍히 여기사 속히 집 한 채를 팔리게 해 주시옵소서!"

나는 남의 신자에게 기도 부탁 받는 것이 참 부담이 되었다. 그 사람은 입버릇처럼 기도해 달라고 하는지는 모르지만 나는 부담이 되었다. 기도해 달라는데 싫다고 할 수는 없고 해 준다고 대답을 하고는 꽤나 부담이 되었다. 그래서 잘 아는 사이, 허물이 없는 사이의 사람이 나에게 기도 부탁을 하면 농담 겸 진담으로, "싫어요. 우리 교회 성도들 위해서 기도하기도 바쁜데 어떻게 당신까지 위해서 기도하겠습니까? 미안합니다."라고 말할 때도 있었다. 그러나 김 집사는 나를 늘 아껴 주던 분이므로 억지로가 아닌 진심으로 집이 빨리 팔리도록 간절히 기도를 했다.

그러던 어느 날 서문교회에서 전화가 왔다. 여진헌 목사님이 속히 서문교회 사택으로 오라는 것이었다. 나는 급히 달려갔다. 사택에 들어서자 사택 안방에 여진헌 목사님과 기도를 부탁했던 김 집사가 앉아 있었다. 자리에 앉아 기도를 마치고 나니 여 목사님과 김 집사가 빙그레 웃으며 나를 쳐다보았다. 그리고 김 집사가 말문을 열었다.

"구 목사님! 감사합니다. 목사님이 기도해 주셔서 저의 집이 팔렸습니다." 나도 대꾸를 했다. "집사님이 기도하셔서 하나님이 도와주신 것이지요. 참으로 감사한 일입니다 이런 소식을 들으니 기쁩니다. 기도한 보람이 있네요."

그러자 여 목사님이 흰 봉투를 하나 내놓으시며 나에게 내밀었다. 그리고 낮은 음성으로 한 마디 말씀을 하셨다. "구 목사, 김 집사님이 구 목사님이 기도하여 집이 잘 팔리게 되었다고 감사해서 내덕교회 성전 건축 헌금을 조금 하시겠대요." 순간 나의 마음은 뜨거워지기 시작했다. 나는 속으로 기도를 했다. "하나님, 진정 감사합니다. 왜 이토록 나를 사랑하십니까?" 여 목사님은 나에게 헌금을 위한 기도를 하라고 말씀을 하셨다.

나는 하나님께 감사 기도를 드리고 김 집사에게 더 큰 축복을 내려 주시기를 바라는 간절한 기도를 했다. 기도를 끝맺은 나의 눈에는 눈물이 흘러내렸다.

김 집사에게 고맙다는 인사를 하고 집으로 돌아가려고 버스를 탔다. 가슴이 울렁이며 눈에서는 눈물이 자꾸 나오려고 했다. 눈을 꿈적이며 창밖을 내다보니 눈물에 어른거려 사람들의 모습이 뚜렷이 보이지는 않지만 나를 사랑하시는 하나님의 형상은 뚜렷하고 강하게 클로즈업되는 것을 느꼈다. 이렇게 감사할 수가 있는가!

집에 돌아와서 아내에게 기쁨과 감격한 어조로 자초지종을 이야기하고 흰 봉투를 열어 보았다. 이게 웬일인가? 500만 원짜리 수표가 한 장 들어 있었다. 그 당시 500만 원이면 꽤 많은 돈이었다. 다음 날 필요한 임금 500만 원을 이렇게 하나님께서 허락해 주시다니…. 어쩌면 정확하게 500만 원인가?

지금 생각해도 500만 원의 역사는 참 신바람 나는 역사였다. 이토록 준비하여 때를 맞추어 주시는 하나님이시지만 주실 때까지는 잠잠하고 계신다. 그러나 때가 되면 정확하게 주시는 분이시다. 0.001의 오차도 없으신 하나님이시다.

"하나님, 감사합니다. 어쩌면 이렇게 치밀하고 자상하십니까? 우리의 기도를 이토록 잘 들어주십니까? 이 종을 이토록 사랑하시는 주여! 진정 감사와 찬송과 영광을 주님께 돌립니다." 할렐루야!

기도 응답으로 지은 성전

성전 건축을 계획하고 성전 건축을 시작하기 전에 성전 건축을 위하여 일천번제를 드리며 1,000일을 기도했다. 그리고 성전 건축을 시작했다. 성전 건축을 위하여 매 주일 낮과 밤, 수요일 밤, 금요일 구역 예배를 5년 동안 드리면서 성전 건축을 위하여 기도했다. 그뿐인가? 매일 새벽마다 기도했다. 그리고 성전 건축이 시작된 이후 성전이 완공되어 봉헌하기까지 일 년 동안 성도들이 40일 특별 기도를 세 번이나 했다.

기도할 수밖에 없었던 것은 성전을 짓는 사람들이 마땅히 기도를 해야 하기도 하지만, 너무도 가진 것이 없기 때문에 하나님께 성전 건축할 돈을 달라고 기도한 것이다. 온 성도들이 늘 입버릇처럼 읊은 기도 문구가 있다.

"은도 내 것이요, 금도 내 것이라고 말씀하신 주님! 세상의 모든 것이 주님의 것인 줄 믿습니다. 지금 우리에게 성전 건축 비용이 필요하오니 주님이 허락하여 주시옵소서! 주실 줄 믿습니다. 구하라 주실 것이라고 말씀하시지 않았습니까? 구하는 이마다 받을 것이라고 하신 말씀을 믿습니다. 믿고 구한 것은 받은 줄로 믿으라 그리하면 그대로 되리라고 하신 말씀을 믿습니다. 우리에게 필요한 건축 기금을 허락하여 주시옵소서!"

기도는 기적을 낳는다. 건축 헌금 작정을 1억 2,000만 원 정도 했을 때도 우리의 형편으로는 기적적인 역사였다. 그래서 내덕교회에 기적의 역사가 나타났다고 소문이 퍼졌던 것이었다. 기도는 만능이다. 기도로써 이루지 못할 일은 하나도 없다. 어떻게 보면 우리 내덕교회의 성전 건축은 돈으로 이루었다기보다 성도들의 기도로 이루었다고 말해야 정확할 것이다.

주의 종 돕다가 복 받은 사람

대학원 공부를 하고 싶은 욕망에 대학원에 입학하려고 마음먹고 있었던 때 내덕교회로 갑자기 부임하게 되었다. 교회 문을 닫아야 할 상황에서 내가 부임했기 때문에 어려운 재개척의 현장에서 대학원 공부를 한다는 것은 거의 불가능했다. 우선 교회를 일으켜 세우는 것이 급선무였기 때문에 교회가 안정되기까지 몇 년 동안은 대학원에 가는 것은 생각도 하지 못했다. 그러다가 8년이란 세월이 흘러 교회가 부흥되고 안정된 후에 대학원에 들어가게 되었다.

목회를 하면서 부천에 있는 서울신학대학교 신학대학원 공부를 하는 것이 좀 어렵기는 했지만, 하나님의 도우심과 성도들의 협조로 대학원 과정을 잘 마칠 수 있게 되었다. 졸업 논문을 써야 하겠기에 청소년에 늘 관심을 가지고 있던 나는 직업 청소년 선교를 논문 주제로 삼았다. 그래서 논문 제목을 '소외 계층에 나타난 선교의 문제점과 해결 방안의 연구'로 정하고 직업 청소년들의 문제를 다루었다. 남에게 조금도 의존하지 않고 순전히 내가 연구하여 내 논문을 쓰겠다고 작정하고 열심히 준비를 했다.

직업 청소년들의 문제를 다루다 보니 직업 청소년들의 실태를 조사해야 하게 되었다. 당시는 직업 청소년들이 소외 계층이었다. 농촌에서 올라와 공단에 취업하여 일을 하지만 인간적인 대우를 제대로 받지 못하고 있었다. 일한 만큼 정당한 봉급도 잘 받지 못하는 노동력 착취 현상이 벌어져 도시산업선교회에서 그들을 위하여 많이 투쟁하던 때였다. 그러다 보니 자연히 산업주들은 도시산업선교회를 싫어하게 되었고, 근로 청소년들은 도시산업선교회를 좋아하게 되었다. 그런 때 나는 대학원 졸업 논문을 위하여 직업 청소년들의 근로 여건과 그들의 마음 상태를 알고, 종교에 대한 반응을 알기 위하여 설문 조사를 했다.

청주에 있는 공단에 설문지를 돌렸다. 청주 공단에 있는 여러 회사를 상대로 조사를 했다. 모두 조사에 잘 응해 주었다. 그 중에 한 가지만 이야기를 좀 해야겠다. 이유가 있어서이다. 당시에 금성계전에 다니는 우리 교회 성도가 있었다. 그래서 그에게 직공들에게 설문을 받아 달라고 부탁을 했다. 그는 성실하게 자기 직장의 근로 청소년들을 통하여 설문을 잘 작성하여 가지고 왔다.

그런데 문제가 발생한 것이었다. 당시는 도시산업선교회를 너무 싫어한 나머지 기업주들이 표어처럼 읊어댄 말이 있었다. "도산(도시산업선교회의 준말)이 들어오면 기업이 도산한다." 다시 말해서 도시산업선교회가 기업체에 들어오면 기업체가 망한다는 말이었다.

그렇게 말하는 의도는 기업주들이 제대로 임금을 주지 않고 노동력을 착취하고 있는 상태인데, 도시산업선교회의 투쟁으로 노동자들의 인권을 보장하여 그들에게 임금을 올려 주면 기업에 남는 것이 없기 때문에 망한다는 말이었다. 노동자들에게 임금을 적게 주는 것이 기업주들에게는 좋을지 모르지만 그런 생각은 잘못된 생각임에는 틀림없다. 당시에 도시산업선교회의 투쟁으로 청주시청 소속 청소부들의 임금이 조금 올라가기도 했었다.

어쨌든 기업주는 도시산업선교회를 못된 공산당이나 되는 것처럼 취급하여 도시산업선교회가 기업체에 들어오는 것을 막았다. 그런 상황이었기 때문에 금성계전의 기업주는 교회와 관계된 이 설문 조사를 도시산업선교회의 활동 중 하나인 것으로 착각하였다. 그러고는 설문 조사를 하는 과정에서 근로 청소년들의 마음을 자극했다는 이유를 붙여 그것을 조사한 우리 교회 그 성도를 해임시켜 회사에서 쫓아내겠다는 것이었다. 대학원 졸업 논문을 위하여 설문 조사한 것을 공산당이 침투해 들어와 회사를 망하게 하려고 한 것처럼 결론을 내리고 공장장이 그 성도를 회사에서 잘라 버리겠다는 것이었다. 아뿔싸! 자기 교회 담임 목사의 논문 쓰는 것을 도와주려다가 회사에서 쫓겨나게 생긴 것이었다. 그러니 목사인 내가 얼마나 미안한 일인가? 멀쩡한 젊은이가 직장을 잃게 되었으니 말이다.

그래서 나는 금성계전의 공장장을 찾아갔다. 그리고 자초지종을 잘 말씀드렸다. 우리는 도시산업선교회도 아니고 단지 대학원 논문을 쓰기 위하여 그들의 실태를 알고 싶었던 것이며 절대로 다른 용도로 사용되는 것이 아니라고 소상하게 말씀을 드렸다. 그리고 선처를 부탁드렸다. 그러나 공장장은 나의 말을 이해는 하겠지만 공장 방침에 의하여 할 수 없이 그 성도를 해고시키겠다고 엄포를 놓았다. 그냥 공갈을 치는 것이 아니라 해고시키기로 결정을 했다는 것이었다. 아무리 설명을 해도 소귀에 경 읽기였다.

이 세상의 삶의 원리가 원리 원칙에 의하여 되는 것이 아니라, 자기중심으로 판단하여 자기에게 유익하면 용납하고 자기에게 불이익을 주면 가차 없이 잘라 내는 것임을 실감할 수 있었다. 그래서 때로는 잘못이 없는 사람이 불이익을 당하는 것이 불공정한 이 세상의 삶의 원리같이 느껴졌다. 입맛이 씁쓸했다. 세상이 이런 것인가? 나는 하는 수 없이 서울에 계신 큰형님을 찾아갔다. 성실한 젊은이가 나를 위하여 일하다가 직장을 잃게 할 수는 없지 않은가? 내가 생각한 것은 금성계전이 럭키그룹이기 때문에 서울 본사에 연락을 하여 그 성도가 해고당하지 않도록 해야 하겠다고 생각했기 때문이다. 럭키그룹은 회장이 '구(具) 씨'가 아닌가? 우리 구씨가 하는 회사이니만큼 제일 높은 사람에게 이야기하여 억울한 일을 당하지 않게 해야 하겠기에 큰형님을 찾아가 말씀을 드린 것이다.

결국 서울 본사에서 지시가 내려와 그 성도는 해고를 면하게 되었다. 천만다행으로 생각했다. 그러나 해고만 당하지 않았을 뿐 회사에서 곱지 않은 시선으로 그를 대하여 회사에서 근무하기가 매우 어려웠다. 서울 본사에서 높은 사람이 그를 해고하지 말라고 지시를 내렸으니 해고할 수는 없지만 내심은 매우 못마땅해했다. 그래서 손을 대지 않고 그를 괴롭혔다. 얼마 동안은 견디어 보았으나 직장 생활에 너무 스트레스를 받은 그는 끝내 회사에 자진 사표를 내고 말았다. 나는 그가 직장을 그만두었다는 소식에 얼마나 마음이 아팠는지 모른다. 모든 것이 나 때문이 아닌가? 나는 하나님께 그의 앞길을 열어 달라고 기도했다.

"하나님 저 때문에 직장을 그만두었으니 더 좋은 직장을 허락해 주시옵소서!"

그 젊은이는 손재주가 아주 좋았다. 무엇이든지 그의 손만 닿으면 고쳐지고 만들어졌다. 그래서 그는 교회에서 '맥가이버'라고 불리기도 한다. 그런데 청주MBC방송국에서 신규 사원 모집 공고가 붙었다. 그는 방송국에 들어가고 싶었다. 그런데 모집 요강에는 언제나 '대학 졸업자'라는 조건이 붙기 때문에 고등학교 졸업자인 그에게는 그림의 떡이었다. 그는 대학교를 다니지 못했다. 그러니 해당도 되지 않는 것이었다. 그러나 그는 기계를 다루는 직종이기 때문에 기술만 좋으면 되지 않겠는가? 대학 졸업자가 아니라도 대학 졸업자보다 더 기계를 잘 만지면 되지 않겠냐 하는 마음으로 도전을 했다. 불가능에 도전을 한 것이었다. 그러나 우리나라는 대학 졸업자만이 행세하는 풍조가 언제부터인가 만들어져 있었다. 그래서 모두들 대학에 가야 한다고 야단들인 것이었다.

아무리 조건은 그렇고 사회 풍조가 그래도 역사의 주관자는 하나님이시다. 하나님이 역사하셔서 그 해에는 청주MBC방송국에서 신입 사원 모집 요강이 고졸 이상으로 바뀌었다. 이것은 틀림없이 하나님이 그를 위하여 그렇게 하신 것이었다. 다른 것으로는 설명이 되지 않는 것이었다. 그래서 그는 응시를 했다. 시험을 치를 때에 기계를 만지는 것에 대해서는 누구에게도 지지 않는 맥가이버가 아닌가? 그는 당당히 합격하여 신입 사원으로 채용이 되었다. 할렐루야!

그는 지금 청주MBC방송국에서는 없어서는 안 될 최고의 기술자가 되어 있다. 그가 없으면 기계 고장이 났을 때 큰 문제가 발생한다. 이 정도로 없어서는 안 될 제일의 사람으로 우뚝 서게 되었다. 한 가지 분명한 사실이 입증되었다. 주의 종을 돕는 사람은 하나님이 보장하신다는 사실이다. 만약에 그가 지금도 금성계전에 그대로 있었다면 아마도 지금쯤은 직장을 그만두었든지, 아니면 평사원으로 이름 없이 있을 것이다. 그러나 지금은 어엿한 기술자다. 그것도 이름 있는 큰 방송국의 없어서는 안 될 중진 기술자가 된 것이다. 그의 기술은 인정을 받아 이곳저곳 새로 생기는 방송국에서 그를 데려가려고 섭외가 온다. 그러나 그는 더 많은 대우를 해 준다는 유혹이 있지만 지조를 지키며 청주MBC방송국을 지키고 있다.

그는 진정 주의 종을 돕다가 복 받은 사람이었다. 그는 방송국에 입사하여 인정을 받았고, 결혼도 잘 하여 좋은 아내도 얻었고, 그 후에 야간에 대학 공부를 하여 그렇게 바라던 대학교 졸업장도 받았고 학위도 취득했다. 그는 금성계전에서 나온 후에 모든 일이 만사형통하게 풀려 나갔다. 금성계전은 유능한 인재를 잃은 것이다. 그가 지금 내덕교회에서 충성하고 있는 전병준 장로이다.

그가 설문 조사 건으로 금성계전에서 어려움을 당하여 그 직장을 그만두기까지 무척 어려움은 많았으나, 그가 어려움을 당하는 동안 하나님은 그를 청주MBC방송국으로 옮겨 유능한 방송 기계 기술자로 만드시려고 역사를 진행하고 계셨던 것이었다. 금성계전에서 해고당할 사건이 생긴 것이 그로 하여금 더 좋은 직장으로 옮기는 계기가 된 것이었다. 목사를 돕다가 어려움을 당하는 데는 이토록 더 좋게 하시려는 하나님의 깊은 뜻이 있었다. 그래서 우리는 어려움을 당하는 그 당시는 깨닫지 못하다가 나중에 하나님의 깊은 뜻과 사랑을 깨닫게 되어 무릎을 치며 외치는 말이 있다. 이 외침은 한 번으로 끝나는 것이 아니다. 일생에 계속되는 외침이다.

"그러면 그렇지!" "이렇게 깊은 뜻이!"

"모든 것을 선으로 바꾸시는 하나님"(창 50:20)이란 투철한 신앙을 가지고 온갖 시련 끝에 애굽의 총리로 우뚝 서는 머리가 되는 축복을 받았던 요셉의 모습이 떠오른다.

오직 하나님께 영광을 돌릴 뿐이다.

"주여! 감사합니다. 할렐루야!"

'기적의 달'에 일어난 기적

해마다 11월 말이면 기도원에 들어가서 신년도 목회 계획을 수립했다. 내 생각대로 목회하지 않고 하나님의 뜻대로 하고 싶은 마음에서 기도하면서 목회 계획을 세웠다. 연간 표어를 정하고 매달의 표어를 정했다. 그런데 매달 표어를 정한 것 중에 9월 표어를 '기적의 달'이라고 정했다. 그런데 그 다음해 8월이 되니까 나에게 걱정이 생겼다. 다음 달의 표어가 '기적의 달'인데 기적이 나타나야 하지 않겠는가? 월 표어 중에 '믿음의 달' '기도의 달' '전도의 달'

'교육의 달' '감사의 달', 이런 것은 그런대로 지나가는데 '기적의 달'은 다르다. 말 그대로 기적이 일어나야지, 기적이 일어나지 않으면 허공을 치는 형식적인 구호에 그치는 것이 아닌가? 정말 8월에 접어들면서부터 걱정되기 시작했다.

그래서 나는 보따리를 싸 들고 주미산기도원으로 들어갔다. 늘 찾아가는 정든 기도원이다. 그 기도원 사찰 집사가 친절하게 잘 대해 주어 내 집에 드나들 듯이 그 기도원을 자주 찾아가 기도를 드리곤 했다. 나는 하나님께 간절히 기도를 드렸다. 떼를 쓰듯 기도했다.

늘 내가 기도 드리는 바위가 있다. 주미산기도원은 산에서 기도하기에 좋은 곳이 별로 없다. 그러나 예배당 뒤로 몇 분 정도 올라가면 기도하기 좋은 바위가 놓여 있고, 나무가 바위 뒤에 서 있어 그런대로 그늘도 져서 기도하기는 괜찮은 곳이었다. 그래서 나는 늘 그곳에 앉아 기도를 했다. 이름 모를 새 소리도 들리고, 바람에 흔들리는 나뭇잎 소리도 정겹게 들려왔다. 하나님이 나를 내려다보는 듯한 느낌도 들어 기도하기에는 그런대로 괜찮았다.

"하나님! 다음 달은 기적의 달입니다. 하나님이 기적의 달로 정하게 하셨으니 기적이 일어나도록 축복해 주셔야 하지 않겠습니까? 주여! 이 종을 도우시옵소서! 그런데 어떻게 해야 기적이 일어나겠습니까? 이 부족한 종에게 지혜를 주시옵소서!"

며칠째 기도를 하는데 하루는 오후에 하나님의 음성처럼 나에게 들려오는 말씀이 있었다. "기도 외에 다른 것으로는 이런 유가 나갈 수 없느니라"(막 9:29). 이 말씀이 떠오르면서 기적은 기도 외에는 다른 것으로는 이룰 수가 없다는 것으로 마음에 박히는 것이었다.

성경의 모든 기적은 기도로 이룬 것이 아니겠는가? 홍해가 갈라지는 기적도 모세의 기도로 이루어진 것이었고, 메추라기가 몰려와 배부르게 먹은 것도 모세의 기도로 이루어진 것이고, 베드로가 물위로 걸어간 것도 주님께 기도하여 이룬 것이 아니겠는가? 그래서 나는 기도하면 우리 교회에도 기적이 일어날 것을 확신했다.

그래서 9월의 기도회 계획을 세운 것이다. 9월 한 달 내내 계속 매일 저녁마다 한 시간 반 동안 온 교우 기도회를 하기로 계획을 세웠다. 그리고 마지막 주간에는 심령 부흥회를 하기로 했다. 한 달 동안 특별 기도회를 계획하고 하산하는 나의 마음에는 벌써 기적이 일어날 것 같은 믿음이 생겼다. 믿음은 바라는 것들의 실상이 아닌가? 참으로 기대가 되는 일이었다.

9월에 들어서자 특별 기도회가 시작이 되었다. 매일 저녁 모여서 열심히 찬송을 부르고 사도행전을 40분 동안 설교식으로 공부하고 다시 열심히 찬송을 몇 곡씩 부르고 30분 이상 통성 기도를 했다. 정말 초대 교회처럼 땅이 진동하는 듯했다. 성도들은 열심히 모였고, 기도회가 뜨겁게 진행되었다. 사도행전 말씀이 얼마나 뜨거운가? 사도행전의 성령의 뜨거운 역사가 우리 교회에도 일어나는 것 같았다.

"주여! 우리 교회에 기적을 일으켜 주시옵소서! 기적을 원합니다."

정말 기도회 분위기는 산불이 불어오는 세찬 바람에 활활 붙어 퍼지는 것같이 느껴졌다.

그리고 마지막 주간에 심령 부흥회가 열렸다. 강사는 주미산기도원의 원장이신 차보근 목사님이 오셨다. 한 달 동안 기도회를 했기 때문에 부흥회도 은혜 충만하게 잘 진행되었다. 그런데 부흥회 기간

중 저녁식사 시간에 차보근 목사님은 나에게 앞으로 성전 건축을 계획하고 있다니 이번 집회 때 성전 건축을 위하여 특별 헌금을 작정하자는 것이었다. 당시 나는 성전 건축 5개년 계획을 발표하고 3년째 되는 해였다. 2장에서 이미 언급했던 것처럼 부흥회 마지막날 금요일 저녁 시간에 성전건축 헌금을 작정했는데, 1억 2천 만원 가까이 나왔다. 참으로 놀라운 일이었다. 강사 목사님께서 예견하셨던 대로 액수가 나왔다. 할렐루야!

부흥회가 끝나고 사흘쯤 지난 후에 시내에 나갔다가 청주순복음교회 권문집 목사님을 만났다. 권 목사님은 나를 만나자마자 눈을 크게 뜨시며 말씀을 하셨다.

"목사님! 내덕교회에 기적이 나타났다면서요?"

나는 의외의 말씀에 "아니 무슨 말씀이십니까?"라고 되묻듯 말을 했다. 그랬더니 그 목사님이 "이번 부흥회 때 1억 2,000만 원이 건축 헌금으로 나왔다면서요?"라고 말했다. 그분의 말씀 내용은 작정 헌금이라기보다 이미 현금으로 나온 것처럼 말씀을 하셨다. 나는 "네 그렇습니다. 참으로 감사한 일이지요."라고 말씀을 드렸다.

시내 버스를 타고 집으로 돌아오는 길에 권 목사님이 말씀하신 것이 자꾸만 들려오는 듯했다. "내덕교회에 기적이 나타났다면서요?" 그러면서 이어서 떠오르는 것이 있었다. 9월이 '기적의 달'이 아닌가? 이 기적을 이룩하기 위하여 주미산기도원에 가서 기도했던 것이 떠올랐다. 기도하면 기적이 일어난다고 하나님이 응답하시더니 진짜 기도하다가 기적이 일어난 것이었다. 진정 하나님은 목표도 주시고 그 목표를 이루도록 하시는 분이시다.

어쩌면 하나님은 이렇게 재미있게 역사하시는가? 9월에 기적을 이루시려고 열 달 전에 신년도 목회 계획에서 9월을 '기적의 달'로 정하게 하시는 하나님의 치밀한 계획을 누가 알리요. 기도하는 내가 잘 깨닫지 못하고 있는 순간에도 하나님의 이 같은 깊은 뜻은 진행되고 있는 것이 아니었던가?

"하나님! 하나님은 틀림이 없으시군요! 진정 주님을 찬양합니다! 앞으로 더 귀하고 큰 비전을 주시고 그것을 이루며 은혜롭고 재미있는 기적을 체험하며 목회하게 하시옵소서!'

> "그러므로 내가 너희에게 말하노니 무엇이든지 기도하고 구하는 것은 받은 줄로 믿으라 그리하면 너희에게 그대로 되리라"(막 11:24).

내덕교회로 핸들을 돌려라!

어느 주일 낮 예배에 새로 오신 분이 등록을 했다. 내외분이 함께 등록을 했는데 남자는 건강에 문제가 있어 보였다. 그날 등록하신 분은 신라개발의 전무이신 민○○ 씨였다. 그는 암에 걸려 죽음을 눈앞에 둔 상태에서, 물에 빠진 사람이 지푸라기라도 잡으려는 심정으로 교회에 나온 것이었다. 그의 친족 중에 그에게 늘 복음을 전한 여 집사님이 있었다. 그러나 그는 예수를 믿으려고 하지 않았다. 그러던 그가 암에 걸려 죽음에 이르게 되자 하나님을 의지하고 싶은 마음이 생겼다. 그를 사랑하시는 하나님이 그에게 교회에 가고 싶은 마음을 주신 것이었다. 그래서 온 가족이 하나님을 믿어야겠다는 결단을 하고 주일에 예배를 드리려고 집에서 출발하여 교회로 가는 중이었다.

원래는 우리 교단의 큰 교회인 S교회로 가기로 마음을 먹고 승용차를 몰고 집을 출발하여 가는 도중이었다. 그의 집은 사천동에 있는 신라아파트였다. 사천다리를 건너 내덕교회 앞을 지나는 순간 갑자기 성령께서 내덕교회로 들어가라는 지시를 하여 갑자기 핸들을 돌려 내덕교회에 들어오게 된 것이었다. 그는 처음 교회에 나오는 사람이라 왜 갑자기 자기가 가고자 하는 교회로 가지 않고 내덕교회로 가야 하겠다는 마음이 들었는지 이상하다고 말했지만, 우리는 성령의 인도하심인 것을 확신했다.

그날 예배를 드리고 그의 사정을 다 들었다. 죽음을 향해 달려가고 있는 딱한 처지였다. 우리가 암도 고칠 수 있다면 얼마나 좋겠는가? 그러나 우리는 할 수 없으나 하나님은 하실 수 있음을 우리는 믿고 있다. 마침 그 다음 날부터 우리 교회는 성전 건축을 마무리 지으면서 온 교우 40일 기도회를 시작하게 되어 있었다. 우리는 성전 건축을 하면서 온 교우가 40일 기도회를 3번 했다. 이제 성전을 완공하면서 마지막 40일 기도회를 시작하게 되는 시점에서 그가 우리 교회에 등록을 한 것이었다. 나는 결코 우연이 아닌 것으로 믿었다.

그래서 그에게 제안을 했다. "만약 당신의 병이 암인 것을 신자들 모두에게 다 알려도 괜찮다면 내일부터 시작되는 40일 특별 기도회에 당신의 질병 치료를 위하여 온 성도가 함께 기도하겠습니다. 괜찮겠습니까?" 그러자 그는 그렇게 해도 좋고, 자기를 위하여 기도해 준다면 참으로 감사한 일이라면서 쾌히 승낙을 했다.

그 다음 날 월요일 밤부터 특별 기도회가 시작되었다. 그분도 제일 앞자리에 앉아서 예배를 드리고 기도했다. 그는 자신의 병을 고치기 위하여 기도하는 것이니 만큼 말씀도 아주 진지하게 들었고, 열심히 기도도 했다. 우리 성도들도 암 환자를 위하여 특별히 기도한다고 하니까 더욱 열심히 기도를 하였다. 특별 기도회가 그 민 선생 때문에 기도의 불이 활활 붙기 시작했다. 기도 시간이 뜨거웠고, 안수 기도 시간에는 "아멘!" 소리가 진동했고, 정말 그가 병 고침 받아 일어나는 것 같은 분위기였다. 또 그런 믿음이 섰다. 나 역시 열심히 기도했다.

하나님께서 축복하셔서 그의 병은 큰 차도를 보이며 좋아지기 시작했다. 그는 너무 좋아서 예수 믿게 된 것을 천만 다행으로 알고 만나는 친척들에게 예수를 믿으라고 권고하는 전도자가 되었다. 그래서 그의 친척들이 줄줄이 교회에 등록을 했다. 참으로 신바람 나는 역사가 진행되었다. 목회 현장에서 이런 일들이 많이 일어난다면 목회할 맛이 날 것이다.

어언간 40일 기도회의 40일이 다 지나게 되어 마지막 날 우리는 민 선생을 위하여 할 수 있는 마지막 일은 그를 위해 금식 기도를 해 주는 것이라고 생각하고 하루 금식하는 날로 선포하고 기도했다.

그런데 이게 무슨 일인가? 민 선생이 감기가 들어서 잠시 청주병원에 입원을 했었는데, 몸의 컨디션이 좋아지고 건강을 되찾는 듯하니까 오랜만에 먹어 보지 못한 것이 먹고 싶어진 것이었다. 그래서 밥을 얼큰한 것에 비벼서 먹고 싶어서 부인에게 요청을 했다. 부인 역시 남편의 건강 상태가 많이 좋아졌기 때문에 남편의 애원을 거절할 수 없어서 밥을 얼큰한 것에 비벼서 주었다. 민 선생은 맛있게 그 밥을 먹은 것이었다. 그런데 그것이 탈이 난 것이었다. 건강 상태가 급속히 악화된 것이었다. 급보를 듣고 병원을 찾아가 보니 일이 이렇게 된 것이었다.

마귀의 역사는 대단했다. 우리가 기도하는 시간에 마귀도 역사를 하고 있었던 것이었다. 어쩌면 우리 성도들은 그를 위하여 금식기도를 하고 있는데 그는 밥을 먹었단 말인가? 참으로 안타까운 일이었다. 그러나 이미 일은 벌어졌으니 어떡하겠는가? 계속 기도할 수밖에…. "주여! 민 선생을 붙잡아 주옵소서! 그를 살려 주시옵소서!"

병세가 악화되자 누군가가 그에게 할렐루야기도원에 가면 살 수 있다는 이야기를 해 준 모양이었다. 김계화 원장이 있는 할렐루야기도원에 가겠다는 것이었다. 그러니 그런 형편에 무슨 말을 할 수 있겠는가? 내심으로는 온 성도가 40일이나 열심히 기도했어도 자신이 잘못하여 이렇게 되었는데, 내덕교회의 하나님보다 할렐루야 기도원의 하나님은 더 능력이 많으신가? 할렐루야기도원에 간다는 것이 마음 내키는 일은 아니지만 반대할 수도 없었다. 그래서 하고 싶은 대로 하라고 했다. 그래서 그는 할렐루야기도원으로 갔다. 민 선생 때문에 나도 할렐루야기도원에 가 보았다.

김계화 원장이 손톱으로 상처를 긁으며 피를 내며 안수 기도하는 모습도 보았다. 기도 후에 반창고를 붙이는 것도 보았다. 무엇인가 좀 이상해 보였다. 비위생적인 치료 모습이 마음에 들지 않았다. 그러나 어떻게 하겠는가? 며칠 기도를 받던 민 선생은 원장이 치료를 위하여 몇백만 원의 헌금을 해야 한다고 강요하는 말에 기분이 상하여 그는 할렐루야기도원에서 돌아오고 말았다.

민 선생은 이미 자신의 생명의 기간이 다 된 것을 직감한 것 같았다. 그는 새로 건축되는 성전 마당의 정원을 일일이 꾸며 아름답게 만들었다. 그리고 새 성전 예배당의 커튼을 자신이 하겠다며 돈을 들여 깨끗하게 장식을 했다. 그리고 며칠을 집에서 고생하다가 하나님의 부르심을 받았다. 너무 일찍 이 세상을 떠났기에 안타까운 면은 있지만 분명한 것은 그는 참으로 복 있는 분이었다. 그는 그의 인생의 마지막을 너무 잘 장식한 분이었기 때문이다. 인생 마지막에 예수를 영접하여 거듭나 하나님의 백성이 되었고, 새로 지어지는 성전을 아름답게 장식했고, 자기들의 일가친척들을 전도하여 전도의 열매도 많이 맺고 하나님께 가셨으니 하나님 앞에서 받을 상이 많을 것이 분명했다.

지금 그의 가족들과 친척들이 교회에 잘 나오며 충성 봉사하고 있다. 하나님의 역사는 참으로 묘하고 아름답다. 하나님의 사랑의 역사에 의하여 그의 좋은 열매가 지금도 우리 앞에 역력히 아름답게 보이고 있다. 그가 만들어 놓은 교회 정원에 지금도 예쁜 꽃이 활짝 펴 있고, 그때 심은 작은 나무가 이제는 크게 성장하여 큰 그늘을 이루고 서 있다. 그 정원 옆에 그의 전도의 열매인 가족들이 오순도순 모여 환담을 나누고 있는 모습이 얼마나 아름다운지 모르겠다. 그는 갔으나 아름다운 사랑의 동산은 그대로 남아 있다. 할렐루야!

"내가 진실로 진실로 너희에게 이르노니 한 알의 밀이 땅에 떨어져 죽지 아니하면 한 알 그대로 있고 죽으면 많은 열매를 맺느니라"(요 12:24).

찬송에 이끌려 들어온 사람

시편 22편 3절에 보면 하나님은 택한 백성들의 찬송 중에 거하신 다는 말씀이 있다. 그러므로 찬송이 있는 곳에는 하나님이 계시고 하나님이 계신 곳에는 역사가 나타난다. 찬송은 끄는 힘이 강하다. 자석이 쇠붙이를 끌어당기듯이 찬송은 사람의 마음을 강하게 이끈다.

한 청년이 허전한 마음으로 길을 걷고 있었다. 비록 젊은 나이지만 그의 삶은 평탄하지 못했다. 어떻게 보면 기구한 운명 같기도 하고, 짧은 삶이었지만 파란만장한 삶을 살아온 것 같은 느낌을 가지고 터덜터덜 방황의 길을 걷고 있었다. 청풍명월 깨끗한 도시 청주이지만 그의 마음을 그리 맑지 않았다. 그는 지난 날을 잠시 생각했다.

그는 서울에서 자신의 삶을 비관하고 죽어야겠다고 생각을 했다. 누구나가 한 번쯤은 자살 충동을 갖는다는데, 이 청년은 한 번쯤이 아니라 여러 번 생각 끝에 자살을 결심했다. 그러고 보면 그의 삶이 결코 평탄치 않았음을 알 수 있다. 그뿐 아니라 그의 가정에도 문제가 있음을 알 수 있다. 청년이 자살을 결심한다는 것은 어떤 큰 충격이 있음이 분명했다. 한동안은 자살을 미화시켜 청년들이 자살을 '행복의 쉼터'라는 은어로 사용하기도 했고, 어떤 여대생은 행복의 쉼터를 꿈꾸며 이왕 자살할 것 어디에서 죽으면 제일 행복한 죽음일까 생각하다가 설악산의 선녀가 목욕을 했다는 폭포에서 떨어져 죽은 사건도 있었다. 그러나 지금 이 청년이 자살을 결심한 것은 어떤 잘못된 낭만 때문이 아니었다. 자신의 생활이 너무 비참하여 죽으려고 마음을 먹은 것이었다. 비참한 현실에서의 탈출구로 생각한 것뿐이었다. 오죽하면 죽으려고 했겠는가? 참으로 불쌍한 청년이었다.

어느 날 그는 한강에 투신자살하기 위하여 한강 쪽으로 걸어가고 있었다. 옛날 일제 시대에는 세상을 비관하는 사람이 많아서 한강에 와서 투신자살하는 사람들이 많았다고 한다. 그래서 투신자살하여 죽기 전에 잠깐만 다시 한 번 생각해 보고 마음을 바꾸라는 의미로 팻말을 세워 놓았다고 한다. "잠깐만!"(일본어로 "조토마테")

지금 물에 빠져 죽으러 가는 그 청년의 발걸음이 어떠했겠는가? 아무래도 정상적인 발걸음이 아니었음이 분명했다. 밤늦은 시간에 한강으로 다가서는 청년을 바라본 방범대원이 이상하게 생각을 한 것이었다. 아무래도 한강에 빠져 죽으러 가는 것 같은 예감이 들어서 그 방범대원은 그 청년을 미행하였다. 적당한 거리를 두고 뒤따라온 것이었다.

그 청년은 혼자만의 이 세상 이별식(?)을 하고 이제 용기를 내어 한강에 뛰어들려는 순간, 방범대원이 달려들어 그를 붙잡았다.

"청년! 왜 이래? 참아! 앞길이 창창한 사람이 왜 죽으려고 해?"

방범대원은 그 청년을 데리고 자기의 초소로 데리고 가서 그를 여러 가지 말로 타이르면서 용기 있게 살아야 한다며 예수를 믿으라고 전도를 했다. 예수님은 청년을 사랑하시니까 방범대원을 통하여 예수를 믿고 열심히 힘 있게 살아 보라는 권면을 해 주었다. 그 방범대원 때문에 그 청년은 자살을 포기하고 살아야겠다는 마음을 먹고 자기의 고향인 청주로 다시 내려온 것이었다. 그러고 보면 벌써 하나님은 그 청년을 사랑하셔서 예수 잘 믿는 방범대원을 그에게 보내어 새 삶의 길로 인도하신 것이었다. 그 청년이 예수를 알든 모르든, 그가 예수를 믿든지 안 믿든지 예수님은 그를 사랑하셔서 그를 인도해 주신 것이었다. 우리를 사랑하시는 주님의 역사는 어느 한 순간도 쉬는 법이 없다.

청주에 온 그 청년이 터덜터덜 밤길을 걷고 있었다. 그런데 어디선가 찬송 소리가 힘차게 들려오는 것이었다. 그 청년은 그 찬송 소리를 듣는 순간 마음이 움직이기 시작했다. 어쩐지 마음에 평안을 주는 찬송 소리, 그는 자신도 모르게 찬송 소리가 나는 곳으로 발걸음을 옮겼다. 찬송에 이끌려 가고 있었다. 낚시꾼의 낚시에 걸려서 슬슬 끌려가는 잉어처럼 무엇인가에 붙잡혀 찬송 소리가 나는 곳으로 이끌려 가는 것이었다. 그를 이끌어 간 곳이 바로 우리 교회인 내덕성결교회였다. 그는 찬송 소리에 이끌려 교회에 들어와 예배를 드리게 되었다. 그는 그 예배를 통하여 마음에 평안을 찾게 되었고 새로운 인생을 시작하게 되었다. 그 후 그는 성실하게 노력하며 공부를 했다. 신앙생활도 열심히 했다. 그로부터 그의 삶은 하나님의 인도하심 그대로였다. 만사형통의 삶이었다. 아주 활기찬 삶이었다.

그 무렵에 우리 교회 어느 구역에서 구역 예배를 드리면서 찬송가 172장을 불렀다. "빈들에 마른 풀같이 시들은 나의 영혼 주님의 허락한 성령 간절히 기다리네."

그런데 밤길을 가던 어느 자매가 집에서 흘러나오는 이 찬송 소리를 듣고 감동을 받아 우리 교회에 등록을 한 예도 있었다. 참으로 찬송의 끄는 힘은 강하다.

한 청년을 구하기 위해 한강변에 방범대원을 준비시키신 하나님. 그 청년을 교회 생활에 안착하여 바른 신앙생활을 하게 하기 위하여 내덕교회 예배 시간, 찬송을 부르는 시간에 교회 옆을 지나가게 하신 하나님. 하나님의 선하신 역사는 정확하게 착착 잘 진행되고 있는 것이다. 하나님이 그렇게 사랑하셔서 한강에서 자살하려는 것도 막아 주시고, 찬송을 통하여 우리 교회에 보내 주셔서 새사람 되어 충성하는 사람이 되었다. K집사는 지금도 늘 감사하며 살고 있다. 그는 지금 예쁜 아내와 결혼하여 1남 1녀를 낳아 행복하게 살고 있다.

우리가 알지 못하는 순간에도 우리를 사랑하시는 하나님의 역사는 어김없이 진행되고 있는 것이다. 그러고 보면 우리가 겪고 있는 모든 일에는 하나님의 깊은 뜻이 있는 것이다. 그러기에 하나님은 참 좋으신 하나님이시다. 할렐루야! 찬송이 절로 나온다.

"좋으신 하나님 좋으신 하나님, 참 좋으신 나의 하나님!"

십일조 1,000만 원 바치는 자 있게 하옵소서!

　김천에 갔던 길에 동창인 P 목사님과 오랜만에 만나 목회 경험담을 나누는 시간이 있었다. 여러 가지 유익한 이야기가 오갔다. 그 중에 나의 마음에 와 닿은 경험담이 있었다. 예배 시간에 헌금을 하고 봉헌 기도, 목회 기도를 할 때 축복권을 가진 목사가 마음껏 축복을 빌어 주는 것이 얼마나 귀한 일이며 효과가 있는 일인가 하는 이야기였다. 그 목사님은 헌금을 바친 후에 헌금을 위한 봉헌 감사 기도 중에 특히 십일조를 바친 성도들을 위하여 아주 구체적인 축복 기도를 했다고 한다.

　"하나님! 우리 교회 십일조를 바치는 분 중에 1,000만 원 바치는 분이 있도록 축복하여 주시옵소서!"라고 액수를 밝혀 기도를 드렸는데 그 기도가 이루어졌다는 것이었다. 즉시로 이루어진 것은 아니지만 얼마 정도의 기간이 지난 후에 1,000만 원 십일조 헌금을 한 성도가 생겼다는 것이었다. 목사님의 기도가 응답되었다고 기쁨으로 간증을 했다. 목사가 축복권이 있는데 신자들에게 마음껏 축복을 빌어 주는 것은 당연한 일이요, 얼마나 좋은 일인가? 그래서 나는 돌아와 성도들의 생활에 대하여 축복을 빌어 주었고, 헌금 기도 시간에 나도 십일조를 바친 성도들을 위하여 기도해 줄 때 믿음을 가지고 이런 기도를 했다.

　"하나님! 십일조를 바치는 분들에게 재물 얻을 능력을 주시어 하는 일이 잘되게 하시고, 주마다 달마다 바쳐지는 십일조가 점점 증가되도록 축복하시옵소서! 그리고 한 번에 50만 원, 100만 원, 1,000만 원, 1억 바칠 수 있는 능력을 허락하여 주시옵소서!"

그러던 어느 주일이었다. 아마도 그런 헌금 기도를 시작한 지 몇 년이 지난 것 같다. 화창한 날씨에 상쾌한 기분으로 예배 시간이 되어 강단에 올라갔다. 그날 따라 주일 예배를 드리러 온 성도들의 얼굴이 무척 밝아 보였다. 예배를 드리다 보면 어떤 날은 왠지 마음이 부풀어 오르고 희망이 넘치는 분위기를 접할 때가 있다. 성령의 인도로 예배가 은혜롭게 진행이 되었다. 그런데 헌금 시간에 십일조 헌금 봉투 중에 두둑한 것이 하나 올라왔다. 액수는 잘 모르겠지만 액수가 많은 것은 틀림없었다. 성도들이 십일조를 많이 바친다는 것은 생업이 복을 받아 잘되는 것이니까 목사는 기쁠 수밖에 없었다. 나는 감사한 마음으로 간절히 축복 기도를 해 주었다.

그런데 나중에 알아보니 그 헌금의 액수가 1,000만 원이었다. 할렐루야! 수표 1,000만 원이 들어 있었다. 나중에 알고는 너무 너무 기뻤다. 1,000만 원이 생겨서가 아니라, 하나님께서 목사의 축복 기도를 들으시고 응답하셨기 때문이었다. 누가 바쳤으며 어떻게 바치게 되었는지는 밝힐 수 없지만 분명한 것은 목사가 강단에서 축복을 바라고 기도한 것이 응답이 되었다는 것이었다.

목회자의 길이 결코 평탄치는 않지만 하나님의 역사를 하나하나 체험하는 기쁨 때문에 보람을 느끼며 목회를 하는 것이다. 이런 일이 자주 있다면 얼마나 좋을까? 목사의 기도는 허공을 치는 기도가 아니다. 그래서 앞으로도 마음껏 성도들을 위하여 축복을 빌고 싶다. 그래서 지금도 나는 봉헌 기도 시간에 마음껏 큰 액수를 말하며 간절히 기도를 하고 있다.

성도들에게 마음껏 축복 기도를 하도록 하기 위하여 김천으로 여행을 하게 하신 하나님의 깊은 뜻이 있었음을 뒤늦게 깨닫게 되었다. 지금도 하나님의 치밀한 역사는 진행되고 있을 테니 앞으로 어떤 감격한 일들이 또 내 목회 현장에서 이루어질지 기대가 된다. 하나님의 역사만 생각하면 희망이 넘친다.

성지 순례를 하나님께 신청하자

성지 순례를 하고 싶은 것은 신자라면 누구나 갖는 마음이고, 또 신자라면 누구나 한 번은 해야 하는 여행이다. 예수님의 숨결이 서려 있는 성지를 순례를 하는 것은 우리의 신앙생활이나 성경 이해에 큰 도움이 되기 때문이다. 목회를 하는 목사의 입장에서는 더더욱 그렇다. 그래서 나는 성지 순례 여행을 마음속에 그리며 하나님께 기도를 했다. 모든 일은 하나님께 신청해야 하지 않겠는가? 그래서 기도로 성지 순례 여행을 하나님께 신청한 것이었다.

> "구하라 그리하면 너희에게 주실 것이요" (마 7:7).
> "무엇이든지 기도하고 구하는 것은 받은 줄로 믿으라 그리하면 너희에게 그대로 되리라" (막 11:24).

나는 하나님의 말씀을 조금도 의심 없이 믿기에 내가 하고 싶은 것을 하나님께 신청한 것이었다. 기도했으니 하나님의 약속대로 성지 순례 여행을 하는 날이 올 것을 의심 없이 믿었다.

그런데 내 마음속에 성지 순례 여행은 꼭 아내와 함께 가고 싶다는 소원이 생겼다. 왜냐 하면 여행 중에 최고의 여행이 성지 순례 여행이기 때문이었다. 어느 곳에 가서 멋있는 장면을 보거나 아름다운 경치를 보면 나 혼자 보는 것이 안타까웠다. '아내가 함께 보아야 하는데….' 하는 생각이 늘 들곤 했다. 그리고 또 하나의 이유는 목회 현장에서 나보다도 고생을 더 많이 하는 것이 사모인 아내이기 때문에, 성지 순례 여행을 통하여 아내를 위로하고 싶은 마음이 있었기 때문이었다. 그래서 아내와 꼭 함께 가야겠다고 작정을 했다. 나에게 말은 하지 않았으나 아내도 성지 순례를 하고 싶어서 하나님께 성지 순례 여행을 하게 해 달라고 기도했다는 것을 나중에서야 알았다.

내가 내덕교회에 부임한 지 10년이 지났다. 교회도 안정이 되고, 성전도 건축하여 봉헌을 했다. 그러니까 성도들의 마음에 담임 목사를 위하는 마음이 깊어졌다. 그래서 내덕교회 근속 10주년 행사를 하게 되었는데, 교회에서 10주년 기념으로 성지 순례 여행을 다녀오라고 여행 비용을 주었다. 그래서 나는 성지 순례 여행을 할 수 있게 되었다. 문제는 아내의 여행이었다. 아내와 함께 가고 싶은 마음을 하나님께 이미 말씀을 드렸기 때문에 함께 갈 방도를 찾고 있었다. 그런데 교회 직원들이 서로서로 돈을 거두어서 목사님 성지 순례 하는 데 쓰시라고 돈을 가지고 왔다. 그런데 그 돈이 아내의 성지 순례 비용만큼 되었다. 할렐루야!

당시에 우리 교회 직분자들은 사는 형편이 넉넉하지 못했다. 그러나 그들은 목사를 위하는 마음으로 정성껏 돈을 거두어 가지고 온 것이었다. 물질이 있는 곳에 마음이 있다고 그 돈을 받으며 나는 성도들의 따뜻한 사랑을 깊이 느껴 보았다. 그리고 하나님께 기도 드렸다.

"하나님 저는 성도들의 따뜻한 사랑을 받습니다. 성도들의 정성을 보시고 마음껏 저들을 축복하여 주시옵소서! 많은 것으로 갚아 주옵소서!"

이제 성지 순례 여행 경비는 준비가 되었다. 그런데 또 큰 문제가 있었다. 당시는 여행법이 50세 이하 부부는 함께 해외 여행을 할 수 없게 되어 있었다. 이런 사실을 뒤늦게야 알았다. 그러므로 우리는 함께 성지 순례 여행을 할 수 없는 딱한 처지에 놓인 것이었다.

'고향이 그리워도 못 가는 신세' 라더니, 돈이 있어도 못 가는 신세가 된 것이었다. 그러나 나는 성지 순례를 하고 싶었고, 갈 수 있는 길이 있을 것으로 생각이 들었다. 그래서 서울에 있는 여행사에 들렀다. 그때 나는 박사 학위를 받으러 미국에 가야 하는 문제 때문에 여행 수속을 밟고 있었다. 그러나 미국 대사관에서 비자를 내 주지 않아서 못 가고 있는 때였다. 미국 가는 것을 주선했던 여행사 직원이 미국 대사관에서 허락을 받지 못하고 되돌아오는 우리를 보면서 너무너무 미안해했다.

그래서 나는 여행사 직원에게 "미국 가는 것은 미국 대사관에서 못 가게 하는 것이니 어쩔 수 없는 일이니 다음에 또 시도해 보시고,

우선 성지 순례 여행하는 것이나 잘 주선해 주세요."라고 말했다. 그 랬더니 여행사 직원은 "그것은 문제없습니다. 제가 해 드리지요!" 아주 자신 있게 말을 했다. 내가 느끼기로는 그 여행사 직원이 해외 여행에 관해서는 도사가 된 것 같았다. 굉장히 약게 생겼고, 말하는 것이 대단한 수단과 방법을 가지고 있는 것 같았다. 그래서 나는 여 행법이 부부는 함께 해외에 갈 수 없다는 이야기를 하며 그래도 가 능하냐고 했더니 가능하다고 자신 있게 말하며 자기에게 맡기라고 큰 소리를 쳤다.

나는 집으로 돌아오면서 "하기야 세상에서 안 되는 일이 있나?" 하 면서 기대를 걸었다. 모든 서류를 해 보냈다. 그랬더니 얼마 후에 여 권과 비자가 나왔고, 출발 날짜를 통고해 왔다. 출발 전 날 나는 모처 럼 성지 순례를 간다고 생각하니 가슴이 설레고 잠이 오지 않았다.

드디어 출발일이 되었다. 날씨까지 우리의 여행을 축하하듯이 아 주 맑고 청명한 날씨였다. 밤잠을 설치고 아내와 함께 새로 들어 보 는 여행 가방을 들고 나섰다. 소변 볼 때도 안 되었는데 공연히 화장 실을 다녀와 "뭐 빠진 것 없어?" 아내에게 내뱉듯이 한 마디 하고 몇 번 좌우를 두리번거리고는 차를 타고 김포공항으로 갔다. 이상야릇 한 감정과 홍분의 연속이었다. 아내와 함께 가는 여행이라 기분이 참 좋았다. 함께 가는 일행이 13명이었다.

물론 다른 일행은 처음 보는 얼굴들이었다. 목사님들, 나이 많은 장로님 내외, 권사님…. 모두 직분도 달랐고 교파도 달랐다. 김포공 항에서 출국을 기다리며 마음은 홍분되어 한없이 들떠 있었다. 집에 두고 온 두 어린 아들들의 얼굴이 어른거려 마음 아픈 면도 있기는 하지만 여행 기분이 나를 더 압도했다.

　드디어 비행기에 탑승하라는 안내 방송과 함께 출국장에 줄을 섰다. 여권 속에 끼여 있는 공항 이용권이 빠져 달아날까 걱정이 되어 여권을 도둑놈 붙잡듯이 꼭 잡고 1분에 한 번씩은 쳐다보았다. 줄이 아직 앞으로 가는 것도 아닌데 공연히 서서 제자리걸음을 하고 있는 것이 아닌가? 홍분! 기대! 모처럼의 해외 나들이가 나를 한없이 들뜨게 했다. 출국 수속이 시작되었다. 출국장 심사대에 서서 여권을 내밀었다. 여권을 심사하고 있는 동안 조용히 서 있는 나는 공연히 잘못한 것도 없는데 마음이 졸인다. 혹시 통과에 문제가 있어 안 된다고 하면 어떡하나 하는 생각이 드는 것이었다. 일단 무엇이든지 심사를 받는 것은 마음 편한 일이 아니었다.

　여권을 심사하던 심사관은 나를 한번 슬쩍 쳐다보더니 여권에 도장을 쾅쾅! 찍고 여권을 내주었다. 나는 "수고하십시오!" 인사를 하고 들어갔다. 무슨 시험에 합격이나 한 것처럼 마음에 안도감이 느껴졌다.

　들어가서 내 뒤에 들어오는 아내를 바라보고 있었다. 아내도 여권을 심사관에게 내밀었다. 여권을 심사하던 심사관은 아내에게서 어떤 눈치를 챈듯했다. 내용인즉슨 아내가 우리와 함께 성지 순례를 가는 것으로 되어 있지 않고 아내는 별도로 가는 것처럼 여행사에서 꾸며 놓은 것이었다. 아내의 출국 이유는 영국에 있는 웨슬리 기념관에서 개최되는 세미나에 참석하는 것으로 되어 있었다. 우리는 그 내용을 알지 못했다. 그러나 여행사 직원이 부부가 함께 해외 여행은 할 수 없음을 알고 별도로 출국 수속을 한 것이었다. 그래서 우리 일행은 서울에서 여권을 냈고, 아내는 충남 대전에서 여권을 냈다. 우리는 그 내용을 전혀 알지를 못했다.

매일 여권만 전문으로 검사하는 사람이 어떤 것은 못 잡아내겠는가? 심사관은 머리를 옆으로 흔들더니 아내에게 묻는다. "아주머니, 저 사람들과 함께 성지 순례 여행 가시는 것이지요?" 거짓말을 할 줄 모르는 아내는 정중하게 "네, 그렇습니다."라고 솔직하게 대답을 했다. 그러자 심사관은 "이것은 안 됩니다. 출국할 수 없습니다!"라고 말을 했다. 아뿔싸! 어쩌면 좋은가? 아내는 놔두고 나만 어떻게 성지 순례를 떠나겠는가? 순간 나의 마음은 뛰기 시작했다. 위기의 순간에 할 것이 무엇이 있겠는가?

"하나님! 불쌍히 여겨서 도와주세요! 주여! 주여!"

아내는 아무 말도 못 하고 심사관만 쳐다보고 서 있었다. 뒤로 돌아 나가지도 않고 싱글싱글 미소를 지으며 심사관만 쳐다보고 서 있다. 아내의 눈은 심사관을 쳐다보지만 마음의 눈은 하나님을 바라보고 있을 것이 틀림없었다. 침묵의 시간이 20초 정도 흘렀다.

안으로 들어오지 못하고 서 있는 아내를 바라보면서 불안해하며 얼굴 근육이 움직이며, 모든 신체 기능이 균형을 잃고 서 있는 충청도 목사를 하나님이 불쌍히 여겼음이 분명했다.

심사관이 여권을 다시 한 번 쳐다보더니 미소를 지으며 입을 연다. "아주머니 충청도 사람이구먼." 한 마디 하면서 여권에 도장을 쾅쾅! 찍고 통과를 시켜 주면서 "잘 다녀오세요!" 하고 인사까지 해 주는 것이었다. 할렐루야!

나는 그때 충청도 사람들은 어디를 가나 나쁜 인상을 주지 않는다는 생각을 했다. 그 심사관이 충청도 사람이었는지, 아니면 시골 사람이라 봐주는 것이었는지, 아니면 솔직히 대답하는 시골 여자에게 감동을 받은 것인지는 잘 알 수 없지만 어쨌든 통과를 시켜 준 것이었다. 한 가지 분명한 것은 우리를 불쌍히 여겨서 성지 순례 여행을 허락하신 하나님의 인도하심이었다. 이것을 누가 부인하겠는가?

22박 23일간의 성지 순례 여행을 다니면서 하나님의 은혜를 더욱 만끽하고 예수님의 숨결을 느껴 보았다. 그때 함께 동행했던 목사님들이 어떻게 부부가 함께 여행을 할 수 있었느냐고 우리를 부러워하며, '진작 우리도 알았으면 부부가 함께 올 것인데…' 하며 아쉬워했다. 그들은 겉에 나타나는 조건만 보고 말하지만 보이지 않는 데서 우리를 인도하시는 하나님의 역사는 알지를 못했다. 참으로 하나님은 자상하시고 고마우신 분이시다.

그 당시 우리 청주에서는 큰 교회 목사님들도 성지 순례를 하지 못했을 때인데, 우리는 넉넉지도 못한 교회에서 목회하면서 부부가 함께 성지 순례를 23일간이나 할 수 있었던 것이었다.

이 모든 것이 하나님의 은혜가 아닌가? 아무리 어려워도 하나님께 신청만 하면 할 수 있다.

그 후 나는 동역자들이나 신학교에서 강의를 할 때 신학생들에 성지 순례 여행을 하고 싶으면 하나님께 신청하라고 말한다. 그러면 반드시 하나님이 허락하신다고 말하고, 이왕 성지 순례 여행을 할 때는 반드시 부부가 함께 가라고 권면을 한다. 나의 처한 여건과 상황이 문제가 되지 않는다. 하나님께 신청하면 하나님이 응답하셔서 불가능도 가능케 하신다. 하나님은 우리들의 기도를 들어주시기를 기뻐하신다.

어떤 분이 꿈에 천국에 갔는데 옆에 있는 방을 구경하고 싶어서 그 방을 구경을 시켜 달라고 부탁을 했다. 그러니까 그 방은 보지 않는 것이 좋다고 말을 했다. 그러나 그는 궁금해서 꼭 보고 싶다고 했다. 그의 간청함에 그 방을 보여 주었다. 그런데 그 방에는 많은 상자가 있는데 그 상자마다 꼬리표(이름표)가 붙어 있었다. 그래서 그것이 무엇이냐고 물었다. 그것은 이 세상에 살고 있는 성도들에게 주려고 하나님이 준비해 놓으신 것들이라고 하면서 달라고 기도하는 사람에게는 주고 기도하지 않는 사람에게는 주지 않기 때문에 저렇게 많이 남아 있다고 하며 간구하지 않는 성도들이 많음을 안타까워했다. 그래서 그는 자기의 것도 있나 하고 찾아보았다. 알파벳순으로 되어 있기에 자기의 이름을 찾기에 쉬웠다. 그곳에 보니 자기의 이름표가 붙어 있는 상자도 있는데 그 속에는 많은 것들이 들어 있었다. 그는 깜짝 놀라 잠을 깼다. 그는 그때부터 열심히 간구 기도를 했다. 그리고 많은 것을 받아 축복의 삶을 살았다.

그러니 우리가 간구하지 않아 받아 누리지 못한다면 얼마나 억울한가? 자기의 욕심을 채우기 위한 것이 아니라면 떳떳하게 구해야 한다. 성지 순례는 성도들이 꼭 해야 하는 여행이다.

일본 장애인인 요네코는 그의 자서전에서 자신의 불편한 생활 때문에 하나님께 기도하면 그때마다 응답해 주시는 하나님의 사랑을 느끼며 "사는 것이 황홀하다."고까지 고백하였다. 기도하여 응답을 받는 자들은 이런 황홀함을 체험한다.

진정 불가능을 가능케 하시는 하나님의 역사는 신기하고 놀랍고 재미가 있다. 무척 재미가 있다. 하나님만 생각하면 찬송이 절로 나온다.

"우리의 기도를 응답해 주시네 참 좋으신 나의 하나님."

청주로 가게 해 주시옵소서!

교회 건축을 하기 전 한창 교회가 안정되고 은혜가 있을 때 전에 ○○장로교회에 다니던 J자매가 우리 교회에 등록을 했다. 그는 등록을 하면서부터 신앙생활을 열심히 했다. 주님을 사랑하는 마음이 그의 생활에서 표현이 되었고, 그의 집에 심방을 가게 되면 심방 준비도 잘 해 놓았다. 방석을 아랫목에 깔아 놓고 심방상을 준비해 놓았다. 그리고 말씀을 증거하는 시간에 눈물을 글썽이며 '아멘'으로 응답을 하기도 했다. 참으로 신앙 훈련이 잘 되어 갔다.

그 집에 아들이 둘이 있었다. 어느 날 다른 집에 심방을 가고 있는데 그 집의 작은 아이가 대문 앞에 나와 놀다가 나를 보고 집으로 뛰어 들어가며 외쳤다. "엄마! 목사님 오세요!" 나는 그 집에 가는 길이 아니었다. 그러나 그 아이 때문에 그 집에 들르게 되었다. 그러면 그 집사는 심방 준비를 해 놓고 기다리고 있는 것이다. 모두들 그렇게만 한다면 심방하는 맛이 있을 것이다. 그토록 신앙생활을 잘 했고, 신앙이 성숙되어 가는 모습이 눈에 역력히 보였다.

그래서 그는 교회의 회계 집사로 일을 하기도 했다. 또한 누군가를 전도하면 뿌리를 빼는 성질이 있다. 그래서 그는 여러 사람을 전도했고, 훌륭한 일꾼으로 잘 양육되어 지금 교회에 충성하는 임직자가 되어 있다.

그런데 이토록 열심히 충성하고 신앙에 불이 붙은 그에게 문제가 생겼다. 그의 남편이 은행에 근무하는데 제천으로 발령을 받은 것이었다. 한창 신앙에 불이 붙고 교회 생활에 재미가 붙은 그녀는 제천으로 가기가 싫은 것이었다. 그래서 남편은 제천으로 가도 자기는 가지 않겠다고 했다. 이유는 순전히 교회 생활 때문이었다.

그 집사의 마음을 내가 왜 모르겠는가? 나도 그 집사가 열심히 충성하고 있으니 그가 제천으로 가는 것이 좋게는 느껴지지 않지만 그렇다고 그의 남편만 제천에 보내고 부인은 청주에 남아 있으면 되겠는가? 그래서 나는 그 집사에게 권고했다. 사실 내 마음은 그가 제천으로 가는 것을 바라지는 않지만 그래도 목회자로서 바르게 지도해 주어야 하지 않겠는가? 그래서 남편을 따라서 제천으로 이사를 가라고 권면을 했다. 아내는 남편을 따라 가는 것이 원칙이며 젊은 나이에 부부가 떨어져 사는 것은 좋은 일이 아니라고 타일렀다. 남편을 내조해야 할 사명이 있는 아내가 교회 때문에 청주에 남아 있으면 안 된다고 말해 주었다. 그리고 부부가 떨어져 있으면 불순한 이성 교제 문제가 발생할 우려가 있으니 부부가 서로를 지켜 주는 의미에서라도 남편을 따라 가야 한다고 강조를 했다.

사람의 심리는 이상하다. 아무리 옳은 말이요, 올바른 판단을 하여 권면을 해도 일단 다른 곳으로 떠나라고 하는 말은 싫어한다. 그래서 그 집사도 아주 싫어하는 내색을 하며 떠나지 않겠다고 고집을 부렸다. 어떡하겠는가? 그렇다고 그러면 "집사님은 남아 있어요."라고 할 수는 없지 않는가? 그래도 나는 자꾸 떠나야 한다고 권면했다. 그 집사가 좋아하든 나빠하든 나는 바르게 지도해 주어야 하기 때문이었다.

한참동안 "가라!" "가지 않겠다!" 옥신각신하다가 그 집사가 잠시 침묵을 지키고 있더니 이런 제안을 했다. "목사님, 그러면 제가 제천으로 이사를 가기는 가도 주일마다 이곳에 와서 예배를 드리게 해 주십시오!" 그래도 나는 가능하면 제천중앙교회에 나가도록 하라고 권고했다. 그러나 그는 주일마다 청주에 내려와 내덕교회에 와서 예배를 드리도록 허락을 하면 이사를 가겠다고 조건부로 졸라댔다. 그래서 나는 남편 따라 제천으로 보내야 하겠기에 그러면 그렇게 하라고 했다. 제천중앙교회에 나가면 좋겠고 정 그렇게 못 잊어 우리 교회에 나오고 싶으면 그렇게 하라고 했다. 그리고 수요일에는 꼭 제천중앙교회에 나가라고 권고를 했다. 그는 어렵게 결정을 하고 눈물을 글썽이며 돌아갔다.

참으로 이상한 일도 많다. 교회를 안 나오겠다는 둥 다른 교회로 옮기겠다는 둥 목사의 속을 썩이는 신자가 많아 목사님들이 곤욕을 치르며 스트레스를 받는다. 아주 작은 핑계를 대서라도 교회를 떠나겠다고 속 썩이는 신자와 가지 말라고 권고하는 목사와의 실랑이가 교회마다 일어나고 있다. 그런데 반대로 신자는 본 교회를 떠나지 않겠다고 하고 목사는 떠나라고 옥신각신하고 있으니 세상일은 참으로 알 수 없다. 이런 실랑이는 하루 종일 해도 결코 스트레스를 받는 일이 아니다. 즐거운 비명이라고나 할까….

그는 마침내 제천으로 이사를 갔고, 주일마다 기차를 타고 청주로 내려와 예배를 드렸다. 어쨌든 열심은 대단했다. 그러다 보니 대심방 때는 제천까지 심방을 가게 되었다. 심방 예배를 드릴 때 그 집사가 중보 기도 요청을 했다. "목사님! 우리 남편 청주로 발령받도록 기도해 주세요!" 청주에서 제천으로 옮긴 지 몇 달 되지도 않아서 청주로 돌아가도록 기도해 달라는 것이었다. 어디 그렇게 근무지 발령이 짧은 기간에 쉽게 날 수 있겠는가? 그러나 기도해 달라는 요청이 있으니 어떻게 하겠는가? 그래서 나는 "그러면 오늘부터 기도할 테니 집사님도 시간을 정해 놓고 기도하세요!"라고 일러 주고 돌아왔다. 그 후 나는 새벽 기도 때마다 그의 남편이 청주로 발령을 받게 해 달라고 기도를 했다.

"하나님! J집사님을 생각해서라도 그의 남편을 청주로 발령을 내 주세요! 제천에서 청주로 주일마다 내려와 예배를 드리는 그의 심정을 아시지요? 그의 기도를 들어 주십시오."

중보 기도를 드린 지 한 달쯤 지났는데 하나님의 역사가 나타났다. 보통 근무지를 이동하려면 최소 1년 반은 지나야 한다는 것이다. 그런데 어느 날 지점장이 그 집사의 남편을 보고 하는 말이 "자네 청주로 가지 않겠나?" 하며 청주로 가고 싶으면 청주로 가라는 말을 해 주었다. 할렐루야!

그때는 그가 제천으로 간 지 1년도 안 되었을 때였다. 그러니까 정상적인 인사 이동으로는 생각도 할 수 없는 일이었다. 어쨌든 1년도 안 되어 그는 청주로 발령이 났다. 누가 그렇게 했겠는가? 하나님이 하신 것이었다. 중보 기도를 들으신 하나님이 청주에 그가 근무할 자리를 마련해 놓으시고 제천 지점장의 마음을 움직여 그로 하여금 청주로 오게 하신 것이었다.

이러니 기도가 얼마나 재미가 있는 일인가? 참으로 중보 기도는 힘이 있다. 두세 사람이 주님의 이름으로 기도하면 하나님이 들으시고 응답해 주신다. 또 찬송이 흘러나온다.

"우리의 기도를 응답해 주시네 참 좋으신 나의 하나님
한없는 축복을 우리게 주시네 참 좋으신 나의 하나님."

그 J집사가 지금은 신학교를 졸업하고 내덕교회에서 전도사로 충성하고 있는 조옥래 전도사이다. 그의 남편은 전용구 집사로 지금은 또다시 제천으로 발령받아 농협 제천지부장으로 승진하여 근무하고 있다.

십자가와 신유의 역사

수난주간이 되어 고난주일 저녁 예배 때 수난극을 하게 되었다. 우리 교회는 성극을 할 때마다 성도들이 은혜를 받는다. 연기를 하는 청년들과 학생들이 열연을 할 뿐 아니라 성령께서 감동시키는 역사가 많이 일어나기 때문이다. 그래서 할 수만 있으면 연극을 하려고 한다.

중세 시대에는 기독교를 국교로 정한 로마가 국민들에게 신앙 교육을 시키려고 할 때 문맹자들이 많아서 어려움이 많았다. 그래서 그때 성행했던 것이 상징 교육이었는데 그 상징 교육 중에 성극을 100% 활용한 것이었다. 눈으로 보고 감동을 받으므로 성극을 통하여 신앙 교육이 잘 되었기 때문이었다. 참으로 성극은 연기를 하는 사람이나 보는 관객이나 한결같이 은혜를 받게 한다. 그래서 할 수만 있으면 성극을 하는 것이 좋다. 지금은 연극을 통하여 복음을 전하는 연극예술신학교도 세우려고 준비하는 사람들이 있다는 소식을 들었다. 참으로 다행한 일이 아닐 수 없다.

주일 밤 연극이 시작되었다. 수난주간에 하는 성극은 대부분 내용이 똑같다. 예수님이 십자가 지시고 골고다 언덕으로 올라가는 사건을 재연하기 때문이다. 예배당 뒷문이 열리면서 예배당 중앙 통로로 십자가를 메고 예수님이 등장했다. 그리고 호통을 치며 매를 든 로마 병정이 고유의 분장을 하고 뒤따라 나타났다. 성도들은 십자가를 메고 등장하는 예수님의 모습을 보고 숙연해졌고, 장내는 조용해졌다. 드디어 예수님께서 통로 중간쯤 통과했을 때 로마 병정은 예수님에게 매질을 가하기 시작했다. 긴 막대기에 달린 줄이 예수님 당시의 쇠붙이 붙은 채찍과 같았다.

채찍이 휘감겨 "철썩철썩" 하는 소리가 몇 번 계속되자 성도들의 인상은 찌푸려지기 시작했다. 자신이 매를 맞는 것처럼 느끼며 안타까워했다. 채찍에 맞은 예수는 그 자리에 고꾸라지듯 무릎을 꿇으며 넘어졌다. 그러자 로마 병정은 호통을 치면서 또 매를 내리쳤다.

이 연극을 할 때 예수를 때리는 로마 병정 역은 누구든지 하기를 싫어한다. 로마 병정 역할을 맡았더라도 예수를 채찍으로 때리는 역할은 실감나게 잘 하지를 못한다. 비록 연기지만 신앙 양심에 허락이 되지 않는 모양이다.

일어났다가는 주저앉고 또 일어나 한 발자국 발걸음을 내딛다가는 또 주저앉으며 매를 맞는 예수의 모습에 모두들 함께 슬퍼하며 안타까워했다. 연극이긴 하지만 예수를 때리는 로마 병정이 때려 주고 싶도록 미워지는 것은 어쩔 수 없는 현상이다.

예수님이 십자가를 지고 매를 맞으며 가운데 통로를 거의 다 통과할 무렵, 가운데 자리 앞부분에서 통곡하며 우는 소리가 터져 나왔다. "아이고, 주여!" 하며 얼마나 큰 소리로 우는지 연극에 방해가 될 정도였다. 그런데 그는 울음을 끊지 않고 계속 울었다. 자세히 보니 조정희 집사였다. 너무 큰 소리로 계속 울기 때문에 연극에 지장이 되었다. 마침 앞에서 음향 조정을 하고 있던 청년이 맨 앞자리에 앉아 있는 나에게 조용히 다가와 말을 했다. "목사님! 가서 말릴까요?"

나는 "그만둬! 실컷 울게 놔 둬라!"고 했다. 왠지 연극에 방해가 되는 울음소리지만 말리고 싶은 마음이 들지 않았다. 예수님의 십자가 고통을 목격하면서 우는 것이니 은혜를 받는 것이 아니겠는가? 그런데 그 집사님의 울음소리가 얼마나 큰지 온 교회에 울려 퍼졌다. 나이 드신 분이 참 소리도 컸다. 창피한 것도 개의치 않고 스트레스를 해소하듯이 마음 놓고 울었다. "아이고, 주여! 주여!…"

예수님이 무대에 올라 본격적인 고난을 받고 죽는 연기가 진행되는 동안에는 큰 울음소리는 그쳤고, 계속 흐느끼면서 연극을 보고 있었다. 그래서 연극 보는 데 방해는 되지 않았다. 그날 모든 성도들은 숙연히 눈시울을 적시며 성극을 보면서 은혜 충만함을 경험했다. 우리를 향한 하나님의 깊은 사랑을 다시 한 번 되새길 수 있었다.

> "그가 찔림은 우리의 허물을 인함이요 그가 상함은 우리의 죄악을 인함이라 그가 징계를 받음으로 우리가 평화를 누리고 그가 채찍에 맞음으로 우리가 나음을 입었도다"(사 53:5).

몇 해 전에도 어린이주일학교에서 똑같은 수난극을 한 적이 있었다. 그런데 어떤 어린이는 예배를 마치고 집에 돌아간 후에 밤에 계속 흐느끼고 울고 있었다. 그래서 어머니가 너무 이상해서 "너 왜 우니? 어디가 아프니?" 하고 물어도 고개만 가로저으며 계속 울었다. 어머니가 "무슨 일이 있느냐?"고 물어도 아니라고 하고 계속 울었다. "그러면 왜 우냐?"고 다그쳐 묻자 그 어린이가 대답하기를 "예수님이 불쌍해요!" 하며 울었다고 한다.

예수님이 로마 병정에게 채찍을 맞으며 쓰러지는 장면에 충격을 받은 그 아이는 계속 예수님이 불쌍하다고 하며 밤새 울었다고 한다. 진정 예수님의 십자가 지시는 장면은 어린이나 어른이나 울게 만든다. 이 울음을 누가 막을 수 있겠는가?

수난주간 성극은 은혜롭게 끝이 났다. 그런데 그날 놀라운 역사가 나타났다. 그렇게 슬프게 통곡하며 울던 조정희 집사는 예수님이 십자가 지시고 고생하는 장면을 보면서 예수께서 우리의 죄 때문에 저렇게 고난을 받으신다며 마음이 뜨거워져 울음을 참지 못하고 통곡

하며 울었다고 한다. 그런데 실컷 울고 났는데 이상한 일이 일어났다는 것이었다. 그 동안 머리가 아파서 늘 고생을 했는데 그 아프던 머리가 깨끗이 나았다는 것이었다. 예수 십자가를 바라보며 은혜 받는 중에 신유의 역사가 나타난 것이었다. 할렐루야!

"그가 채찍에 맞음으로 우리가 나음을 입었도다"(사53:5).

진정 십자가는 우리를 구원하시는 하나님의 능력이다. 우리의 죄를 사하시는 구속의 능력인 동시에 신유의 역사를 이루는 확실한 복음이다. 우리는 그날 십자가와 신유의 역사를 뚜렷하게 보고 느낄 수가 있었다. 조정희 집사의 머리 아픈 병을 고쳐 주시기 위한 하나님의 깊은 뜻이 수난주간 성극에 담겨 있었다. 이런 역사가 계속 일어나기를 기도한다. 그날 성극의 감동이 지금까지도 사라지지 않고 잔잔히 내 마음속에 흐르고 있다.

재능 개발에 힘써라

하나님은 우리들에게 무한한 재능을 주셨다. 그런데 그 재능을 개발하는 것은 우리들의 책임이다. 재능을 개발하지 않아서 무한한 재능을 간직한 채 무미건조하게 살다가 이 세상을 떠난다면 너무 억울한 것이다. 달란트 비유에서도 한 달란트 받은 사람은 땅에 파묻어 두었다가 주인에게 책망을 받고, 바깥 어두운 곳에 내쫓기어 슬피 울며 이를 가는 신세가 되었다. 하나님이 주신 재능을 개발하지 못하는 것은 참으로 무서운 결과를 초래하는 심각한 일이다. 실제로 우리 인간은 너무 많은 재능을 개발하지 못한 채 죽는다. 지금은 5%도 개발 못하고 죽는다고 한다.

그래서 인간의 두뇌를 연구하여 노벨상을 받은 R. Guillemin 박사는 말하기를 "황무지를 가 보려면 인간의 두뇌를 가 보라."고 했다. 교육이라는 것이 인간의 재능을 개발하는 것이기에 교회 지도자는 성도들의 재능을 개발해 주는 일을 위하여 최선을 다해야 한다는 사명의식이 있다. 그래서 나는 성도들을 유심히 보면서 재능을 개발해 주려고 노력하고 있다.

한번은 이런 일이 있었다. 주일 낮 예배가 끝난 오후 시간에 류순화 전도사와 우연히 마주앉아 이야기를 하게 되었다. 그는 서울신학대학을 나온 전도사로서 목사의 아내가 된 사람이다. 남편의 임지 문제로 잠깐 동안 우리 교회에서 봉사하고 있을 때였다. 그는 어린이 교회 학교를 돌보면서 어린이들에게 디모데 훈련을 시키며 어린 심령을 위하여 노력하고 있었다. 그런데 그에게는 글 쓰는 재능이 있었다. 신학교 학생 시절에도 시를 쓰는 활동을 한 것을 알고 있다. 그래서 그에게 계속하여 글을 많이 쓰도록 권유를 하며 가진 재능을 남에게 나타내 보이는 일을 하라고 했다. 그리고 혼자만 글을 쓰지 말고 쓴 글을 남에게 나타내 보이는 일을 위하여 작품 활동을 할 것을 제의했다.

기독교교육협회에서 발간하는 《기독교 교육》이라는 월간지에서 해마다 글을 쓰는 사람들의 등용을 위하여 작품 공모를 하는 것이 있다. 해마다 한 번씩 작품을 응모하여 당선되는 사람은 기독교 문인으로 등용이 되는 것이다. 그래서 나는 그에게 시를 써서 《기독교 교육》지에 응모를 하라고 권유했다. 아무리 글을 써도 남에게 인정을 받아야 작품 활동을 할 수 있고, 하나님이 주신 글 쓰는 재능을 발휘하여 신앙의 글을 써서 하나님께 영광을 돌려야 하지 않겠느냐며 설득했다. 그러나 그는 그 정도의 실력은 되지 않는다며 사양했다. 글 쓰는 것을 좋아하기는 해도 아직 글 쓰는 실력은 형편이 없다면서 자신 없는 말을 계속하는 것이었다. 그러면서 그는 나중에 실력이 있을 때 응모를 생각해 보겠다는 것이었다.

나는 계속 그에게 설득을 했다. 선수가 대회에 나가기 위하여 훈련을 하면서 실력이 늘어나는 것이 아니겠는가? 그러니 자신을 가지고 응모해 보라고 설득을 했다. 이번에 꼭 당선이 되지 않더라도 낙심할 것이 없고, 계속 써서 응모를 하다 보면 어느 땐가는 당선이 될 것이라고 설득하며 기독교교육협회의 주소를 적어 주었다.

아마도 그날 나는 그에게 작품을 써서 《기독교 교육》지에 응모하라고 설득하느라고 40분 정도의 시간을 보낸 것 같았다. 나는 조금만 재능이 있는 사람이면 재능 개발을 위하여 늘 그렇게 용기를 주는 말을 하곤 했다.

한번은 한 주간 기도하기 위하여 주미산기도원에 갔다가 청주 시외버스 정류장에 근무하는 자매를 만나 그의 간증을 들을 일이 있었다. 그의 간증은 산 간증이었다. 간증의 내용은 대략 이렇다.

시외버스 회사에는 남모르는 일들이 많이 일어나는데 특히 기사들과 안내양과의 문제가 많다고 한다. 타지에 가서 잠을 자는 일이 많은 기사들과 안내양과의 문란한 성 문제가 일어나 안내양들이 임신을 하는 예가 종종 있다고 한다. 그래서 그 안내양들의 문제를 해결해 주기 위하여 임신한 안내양과 함께 산부인과를 자주 찾아가는 일이 있다고 한다. 그러면서 그는 이런 일이 벌어지지 않기 위해서라도 버스 기사와 안내양 복음화 운동을 전개해야 한다고 주장했다. 그들이 예수를 믿으면 그런 행동을 하지 않게 된다는 것이었다. 다른 방법으로는 그런 문란한 문제를 해결할 길이 없다는 것이었다.

맞는 말이었다. 그는 그 시외버스 회사에서 기사와 안내양에게 전도 활동을 전개한 일을 이야기해 주었는데, 정말 감동을 주는 간증이었다. 나이가 그리 많지도 않은 처녀의 몸으로서 한 직장에 복음화 운동을 활발히 전개하고 있는 것이 매우 대견해 보이기도 했고, 성령에 충만한 그 자매의 신앙이 부럽기도 했다.

그래서 나는 그에게 그런 간증은 혼자만 간직하지 말고 글로 써서 모든 사람에게 전하는 일을 하라고 권고했다. 그러면서 제의한 것이 순복음교회에서 출판하는 《신앙계》에 그 신앙 수기를 써 내라고 권유를 했다. 나는 그에게 나도 나에게 향한 하나님의 축복이 너무 커서 하나님의 살아서 역사하시는 위대한 역사와 사랑의 역사를 많은 사람에게 간증하기 위해 신앙 수기를 응모하여 당선이 되어 많은 사람들에게 하나님의 영광을 나타내는 기회를 가졌었다고 나의 예를 이야기하며 설득을 했다. 해마다 신앙 수기 응모가 있으니 그 좋은 간증을 수기로 써서 《신앙계》에 응모하라고 계속 설득을 했다.

그러나 그는 자기는 그럴 만한 자격도 없고 더군다나 글 쓰는 재주도 없어서 신앙 수기를 쓸 수가 없다는 것이었다. 나는 여러 가지 말로 그를 설득하느라고 주미산기도원 마당 자갈이 쌓인 곳에서 한 시간 동안 앉아서 열변을 토했다. 《신앙계》에 글이 실리면 국내는 물론이요, 해외에까지 전달되어 같은 시간에 수많은 사람들이 그 글을 통하여 은혜를 받는다고 말하며 매스컴의 위력을 이야기했다. 값진 것을 파묻어 두는 것은 옳은 일이 아니라고 강조하며 신앙 수기를 쓰면, 성령께서 도우셔서 당선시켜 간증할 기회를 주실 것이라면서 간곡히 부탁을 했다. 그리고 《신앙계》의 주소를 적어 주었다.

그리고 헤어졌는데 그해에 신앙수기 응모 발표가 있는 달에 《신앙계》를 보니 수기 부분에 그 자매가 1등으로 당선이 된 것이었다. 할렐루야! 나는 참으로 기뻤다. 그 자매가 나의 말에 자극을 받고 용기를 내어 수기를 써내어 당선된 것이었다. 이런 일이 있었기에 나는 더욱 용기를 내어 류순화 전도사에게도 계속 설득을 한 것이었다.

몇 달 후에 그는 남편의 임지가 결정이 되어 다른 교회로 갔다. 짧은 세월이 흘렀다. 어느 날 나는 우연히 정기 구독하고 있는 《기독교교육》지를 받아 펴보았다. 한 장 한 장 넘겨 보다가 내 눈이 휘둥그레졌다. 그해의 신인들의 응모를 심사하여 당선작을 발표하는 것이 그곳에 실려 있었는데 '동시' 부문의 당선작이 바로 류순화 전도사의 작품이었다. 나는 기쁨을 안고 그의 작품을 읽어 보았다. 참으로 감동을 주는 작품이었다. 그런데 당선 소감이 옆면에 적혀 있었다. 그 당선 소감을 읽어 내려가다가 또 한 번 놀랐다. 그 당선 소감의 내용 중에 '구장회 목사'가 언급되어 있는 것이었다. 나는 내 이름을 보고 하나님께 감사와 영광을 돌렸다. 한 여인에게 담겨 있는 재능을 개발하여 크게 쓰임 받도록 자극 주는 역할이 성공을 거두도록 하나님이 축복하셨기 때문이었다.

그 후 류순화 전도사는 기독교 문인으로 등용이 되어 은혜로운 글을 계속 써내어 많은 사람들을 감동시켰다. 기독교대한성결교회에서 출판하는 《활천》지에 「선유도의 어린이」라는 제목으로 계속적으로 은혜로운 시를 실어 성결인들에게 은혜를 끼쳤고, 당당한 기독교 문인이 되어 작품 활동을 할 뿐 아니라 단행본 시집도 출판을 했다. 지금 류순화 전도사는 고군산도 선유도에서 성공적인 목회를 하고 있는 오홍덕 목사의 사모로서 작품 활동을 하고 있다. 류순화 전도사와의 잠깐 동안의 만남과 예배당에서 40분 동안 글을 써서 《기독교 교육》지에 내라고 설득한 평범한 목사와 전도사와의 대담에도 한 여인을 기독교 문인으로 사용하시려는 하나님의 깊은 뜻이 담겨 있었음을 실감하며 하나님께 감사와 영광을 돌릴 뿐이다.

독서회원을 모집하라

신년도 목회 계획을 수립하기 위하여 매년 11월 말에는 기도원에 간다. 1991년 11월 말에 광림수도원에 들어가서 목회 계획을 수립했다. 광림수도원은 내가 정든 곳이다. 늘 목회 계획을 수립할 때마다 그곳에 간다. 예수님의 일생 사역이 동상으로 표현되어 있는 기도

동산에 오르며 깊은 명상을 하고, 최종 코스인 예수님의 부활 현장인 빈 무덤 앞에서 시야가 확 트인 아래를 내려다보며 기도하는 마음으로 큰 비전을 생각하면 희망이 솟는다. 긴 호흡을 하고 내려와서 숙소 책상에 앉으면 마음이 평안해지고, 하늘나라의 지혜가 떠오르는 듯했다.

계획을 수립하는 중에 신년도에 하고 싶은 것이 머리에 떠올랐다. 독서회원을 모집하여 매달 선정된 책을 읽게 하는 것이었다. 나는 기도원에 들어갈 때 책을 몇 권 가지고 간다. 그런데 그 책을 읽으면서 큰 은혜를 받는다. 순수하고 원색적인 신앙으로 큰 역사를 이룩한 외국인 사역자의 기록은 나에게 큰 감동을 주었다. 그래서 성도들의 교육을 위하여 독서회원을 모집하여 매달 책을 읽게 하고 싶었던 것이었다.

교육의 형태 중에 교사에게 교육을 받지 않아도 자신이 책을 통하여 교육을 받는 것이 중요한 위치를 차지하는 것을 알기 때문이었다. 사실 어떤 때는 은혜로운 책 한 권을 보면 몇 번의 은혜로운 설교를 들은 것처럼 유익이 크다. 그래서 성도들에게 책을 읽혀야겠다는 생각을 한 것이었다. 그러나 쉬운 일은 아니었다. 왜냐 하면 일반적으로 한국 사람들은 책 읽기를 싫어한다는 것을 알고 있기 때문이었다. 그러나 필요한 것은 해야 한다고 생각하고, 독서회원이 많으면 말할 것도 없이 좋지만 만약 그렇지 못하고 독서회원이 5명 정도만 되어도 실시한다고 마음을 단단히 먹고 돌아왔다. 그리고 그 다음해인 1992년 1월부터 실시했다. 감사하게도 첫 달에 회원으로 50명이 등록을 했다.

나는 독서회원을 많이 확보하기 위하여 몇 가지 신경을 썼다. 우선 책을 읽기 싫어하는 것이 일반적인 추세이니 책을 가까이 하기 위해서는 책을 고를 때 가능한 한 두껍지 않은 얇은 것으로 골랐다. 책 읽기에 겁을 먹지 않고 쉽게 읽게 하기 위해서였다. 그러면서도 은혜가 되는 책, 그리고 가능한 한 가격도 싼 것으로 선정을 했다. 그러다 보니 조건이 붙어 있어 책을 고르는 것이 여간 어려운 것이 아니었다. 책을 고르는 것 때문에 한 달에 한 번 나에게는 고민하는 시간이 생긴다. 그래서 책을 고르기 위하여 기독교 서적 센터인 화문당에 가서 어떤 때는 한 시간 정도 책을 고른다. 책방 주인이 "무엇을 사려고 오셨어요?" 하고 물으면 나는 "네! 고민하러 왔습니다."라고 대답을 한다. 그러면 그 주인은 매달 선정하는 책을 고르러 온 줄 안다. 그리고 가능한 한 그 달의 표어에 맞는 책을 골랐다. 예를 들면 그 달의 표어가 '용서의 달' 이면 용서에 관한 책, '기도의 달' 이면 기도에 관한 책을 골랐다. 어떤 때는 서점에 가서 한 시간 내내 책을 고르다가 정하지 못하고 그냥 돌아가 다음 날 또 가서 고르는 경우도 있다. 나의 이런 고민을 성도들은 모를 것이다. 그런데 세월이 흘러가면서 책값이 뛰기 시작하여 싼값으로는 책을 읽을 수가 없게 되었다. 그래서 하는 수 없이 책을 읽혀야겠다는 신념으로 책값이 7,000원이면 교회에서 2,000~3,000원을 내 주고 나머지만 받는다. 그리고 지난달에 책을 읽은 회원 중에서 5명을 추첨하여 무료로 책을 준다. 어떻게 하든지 많은 사람이 책을 읽게 하기 위해서였다. 책을 읽기만 하면 은혜를 받는 것이 확실하기 때문이었다. 그리고 매달 마지막 토요일 저녁 8시 10분에 독서 보고회를 했다. 청년회 토요 집회가 끝난 후 바로 독서 보고회를 하기 때문에 주로 청년들이 중심이 된다. 장년들이 참여할 때도 있고, 때로는 주일 저녁 예배 2부 순서로 하기도 한다.

그런데 독서 보고회 때마다 두 가지 마음이 교차된다. 안타까운 것은 현대인들이 너무 책을 읽지 않는다는 것이다. 그래서 책을 읽지 않고 참여하는 사람들에게 매번 "책 좀 읽어요!"라고 강조한다. 또하나는 흐뭇한 마음을 갖는 것이다. 책을 읽고 발표하는 성도들의 발표를 들으면서 "내가 독서회원을 두어 책을 읽게 한 것을 참 잘했구나!" 하는 마음이다. 그들의 발표에 내가 은혜를 받기 때문이다. 몇 사람이라도 책을 읽으며 큰 감동을 받아 새로운 각오를 한다면 이것이 얼마나 보람된 일인가 하는 마음이 들어서이다. 지금은 독서 회원이 30명에서 50명을 왔다 갔다 한다. 목사가 감동을 받은 부분을 조금만 더 강조하면 회원수가 증가된다.

우리 교회 독서회원이 많아 매달 책을 읽는 것은 다른 교회 성도들도 매우 부러워하는 것이다. 성도들의 가정에 심방을 할 때 그들의 책장에 선정 도서가 수십 권 꽂혀 있는 것을 보면 참으로 흐뭇하다. 독서회원은 최소한 1년에 12권은 책을 읽기 때문에 엘리트가 될 수 있는 것이 아닌가? 내가 독서회원을 모집하여 매달 책을 읽혀야겠다고 마음먹은 데는 또 하나의 이유도 있다. 나를 스스로 채찍질하기 위해서다. 남에게 책을 소개하려면 내가 먼저 책을 읽어야 하지 않겠는가? 나 자신부터 책을 읽기 위한 이유도 있었다. 이 독서회원 프로젝트 때문에 나도 책을 계속 읽게 된 것이 너무 감사한 일이었다.

우리 교회를 수준 있는 교회, 수준 있는 성도들을 만들기 위하여 독서회원 제도를 두도록 감동을 주신 하나님의 깊은 뜻을 깨달으며 주님께 영광과 감사를 돌릴 뿐이다.

  그 동안 읽은 책 중에 특히 감동을 주었던 몇 권의 책 이름과 저자를 소개한다면 다음과 같다.

- 당신에게는 만병을 정복할 만한 능력이 있다 (놀맨 커즌스)
- 더 받을 것 없습니다. 그리스도만으로 충분합니다 (후안 까롤로스 오르띠즈)
- 성경대로 살기 (김성일)
- 아침은 늘 눈부시다 (김복남)
- 상파올로에서 부르신 하나님 (김송자)
- 산다는 것이 활홀하다 (우지끼 노부로 역음)
- 하나님이 고치지 못할 사람은 없다 (박효진)
- 천국 혼자 갈 수는 없잖아요 (김길복)
- 맺힌 것은 풀어야 영혼이 산다 (김남준)
- 고구마 전도 왕 (김기동)
- 야꾸자의 마지막 선택 (요시다 요시우키)
- 칭찬 한 마디의 기적 (이재영)
- 야베스의 기도 (브루스 윌킨슨)
- 나의 사랑 나의 생명 나의 예수님 (노연희)
- 용서 (찰스 스탠리)

- 여우를 잡으라 (송길원)
- 막 쪄낸 찐빵 (이만재)
- 시베리아의 꽃 (올리브사)
- 성공을 가로막는 13가지 거짓말 (스티브 챈들러)

어언간 독서회원 제도를 마련하여 책을 읽힌 지 벌써 10년이 되었다. 그 동안 120권의 책을 읽게 하신 하나님께 감사를 드릴 뿐이다.

골리앗과 대결하는 심정으로

시내에 있는 S교회와 체육대회를 하기로 했다. 매년 친목을 다지는 의미에서 하기로 한 것이었다. S교회는 큰 교회이고 우리는 작은 교회였다. 외형상으로는 대조가 되지 않는 교회지만 성도간의 사랑을 나누는 기회를 갖기 위해서 시도를 한 것이었다. 중앙여중 교정에서 제1회 친선 체육대회가 열렸다. 우리는 작은 교회이기 때문에 큰 교회를 이기기 위해서는 대단한 결의를 해야만 했다. 그래서 일찍이 보름 전부터 여전도회원들이 놀이터에 모여 족구 연습을 했다. 그 연습을 하면서 깊은 친교가 이루어졌다.

대회가 열리는 날 날씨가 무척 좋았다. 아주 청명하고 상쾌한 기분이 나는 좋은 날씨였다. 들뜬 기분으로 중앙여중으로 성도들이 몰려갔다. 몰려가긴 했어도 몰려간 신자의 숫자라야 보잘것없는 숫자였다. 조금 있더니 S교회 신자들이 몰려왔다. S교회 신자들은 글자 그대로 몰려오는 것이었다. 떼거리로 몰려오는 것이었다. 더욱이 우리를 기죽이는 상황이 벌어지고 있었다. 그 당시 우리 교회는 차량이라고는 봉고도 한 대 없었을 때였다. 그런데 S교회는 새로 구입한 대형 버스에 신자들을 싣고 와서 먼지를 내며 운동장을 돌고 있는 것이었다. 신자들을 싣고 왔으면 운동장 한옆에 내려놓으면 될 것을 일부러 운동장을 한 바퀴 도는 것이었다. 대형 버스를 과시하는 것이 분명했다. 언제나 작은 교회가 큰 교회에게 기죽기 쉬운 일들이 여러 가지 있는데, 대형 버스를 돌리는 것도 그 중에 하나인 것이었다. 담임 목사인 나는 상대방 교회에서 대형 버스를 타고 와서 설치는 것을 마음 편안히 바라볼 수 있는 상황이 아니었다. 잘못하면 열등감에 사로잡힐 수도 있는 상황이었다. 그러나 어쩌겠는가?

S교회의 외형적인 여건이나 모습은 우리 교회의 여건이나 모습과는 비교도 할 수 없을 정도였지만 그것이 다는 아니었다. 문제는 실력이었다. 내적 실력 말이다. 체육대회이니 만큼 대형 버스가 경기하는 것이 아니었다. 사람이 하는 것이니까 내적 실력을 갖춘 팀이 이기는 것이었다. 또 떼로 싸우는 것이 아니라, 선정된 숫자만이 나와서 경기를 하는 것이 아닌가? 12억의 인구 중에서 선정된 중국 팀에게 4,000만 인구 중 선정된 우리 나라 팀이 꼭 진다는 법은 없는 것이다. 문제는 실력이다. 경기에서 이기면 되는 것이다. 대형 버스를 가졌든 신자 숫자가 몇 배가 되든 그것이 문제는 아니었다. 그래서 경기에는 반드시 이겨야 하겠다고 다짐을 하고 성도들을 격려했다. 골리앗과 대결하는 다윗의 심정으로 나아가면 되는 것이었다.

누가 감히 골리앗과 맞설 수 있다고 생각이나 했겠는가? 더욱이 목동 다윗이 어떻게 기골이 장대한 명장인 골리앗과 싸울 수 있었겠는가? 그래서 사울왕이 골리앗과 싸우러 나간다는 다윗을 말리려 하지 않았던가? 그러나 싸움의 결과는 누가 이겼는가? 기골이 장대한 골리앗이 다윗이 던진 물맷돌 하나에 맞아 쓰러지지 않았는가? 기골이 장대한 외적인 힘이 큰 믿음을 가진 다윗에게 패하고 만 것이었다. 문제는 외적인 것이 아니라 내적인 것이었다. 우리 교회는 그 당시 비록 교회는 작지만 사랑으로 똘똘 뭉쳐 있었고, 사기가 충천해 있었다. 나도 경기에서는 결코 지지 않을 것이라는 자신이 있었다. 그리고 성도들은 이구동성으로 이렇게 외쳤다.

"우리가 경기에서 이기면 돼! 문제없어! 꼭 이길 수 있어! 내덕교회의 저력이 있잖아?"

"내덕교회의 본때를 보여 주자! 내덕교회의 진면목을 보여 주자!"

사실 우리 교회는 운동 경기에 나아가면 이기고 돌아오는 전통이 있었다. 국제어린이해에 어린이교회학교 연합 축구대회를 개최했었다. 그때도 우리 교회 어린이들이 출전하여 1등을 했다. 매년 어린이 체육대회를 하기로 했었는데 우리 교회가 1등을 한 이후로는 열리지 않았다. 그뿐 아니라 중고등부 학생 체육대회도 열리면 우리 교회가 1등을 했다. 여자 발야구를 하면 홈런을 차는 여학생들이 여러 명 있어서 다른 팀들이 상대가 되지 않았다. 청년회도 체육대회에 나가면 역시 1등을 했으니 다른 교회에서는 내덕교회 타도가 목표였다. 따라서 성도들은 승리의 자신감에 차 있었다. 그러니 내덕교회의 본때를 보여 주자고 외쳤던 것이었다.

드디어 경기가 시작되었다. 여자축구, 발야구, 피구, 풍선터뜨리기, 릴레이…. 여러 종목의 경기를 했다. 경기가 진행되면서 우리 교회의 응원 소리는 천지를 진동하는 듯 힘이 가해졌다. 그도 그럴 것이 경기만 하면 이기는 것이 아닌가? S교회 성도들은 점점 열을 받기 시작했고, 우리 교회는 점점 신바람이 나기 시작했다. 경기에서 이기는 기분은 원래 좋은 것이지만 작은 교회가 큰 교회를 이기는 기분은 말할 수 없이 좋았다. 우리 교회 성도들이 경기하는 모습을 보니 어쩌면 그렇게 귀여운지 모르겠다. 어쩌면 그렇게도 잘하는지 모르겠다. 그들의 경기하는 모습을 표현한다면 '악착같고, 야무지고, 끈질기고, 순발력이 있고, 머리가 잘 돌아가고, 빠릿빠릿하고, 끝내준다'고 할 수 있다.

우리 교회 응원단의 노랫소리도 하늘을 찌르는 듯 높아졌다. 목이 쉬도록 외쳐 대고 있다.

"SH! SH!(상대방 교회 이름) SH가 최고야! 아니야! 아니야! 내덕이 최고야!!!"

"이 세상에 내덕이 없으면 무슨 재미로, 해가 떠도 내덕! 달이 떠도 내덕! 내덕이 최고야!"

S교회가 경기에 계속 패하자 경기하는 모습을 바라보던 S교회 목사님은 자기 교회 선수들에게 "야! 져 줘! 큰 교회가 작은 교회를 봐주어야지! 져 줘!" 하며 힘 빠진 소리로 말씀을 했다. 남에게 지는 것을 제일 싫어하는 목사님이니 얼마나 속이 타시겠는가? 그래서 마음에도 없는 말씀을 하고 계신 것이었다. 스스로 위로를 받기 위한 말씀 같았다.

마지막 경기요, 체육대회의 하이라이트인 릴레이 경기를 할 때는 정말 신바람이 났다. 어쩌면 그렇게 잘 달리는지, 상대 선수를 팍팍 앞질러 가는 모습에 10년 묵은 체증이 풀리는 듯했다. 달리는 선수들에게 격려를 하며 함성을 지르는 신자들의 모습은 정말로 사진에 담고 싶은 모습이었다. 그날 친선대회의 결과는 우리 교회의 대승리로 끝났다.

풀이 죽어 돌아가는 S교회의 모습이 너무 처량했다. 운동장에 처음 올 때와는 너무 대조적으로 어깨를 축 늘어뜨리고 돌아갔다. 그렇게 자랑하던 대형 버스마저도 처량해 보였다. 패잔병을 태우고 가는 차량처럼 보였다. 골리앗과 대결하는 심정으로 싸웠던 우리는 다윗처럼 승전보를 울리며 기쁨의 찬송을 부르며 승리의 개선을 했다. 시원한 저녁 바람에 승리감에 도취한 성도들의 얼굴에는 함박꽃이 피었다.

S교회와의 경기에서 이긴 이야기는 그 후 몇 달 동안 계속 성도들의 입에서 오르내렸다. 특히 그날 대회 때 인기를 얻으며 경기를 한 선수들은 스타 대접을 받았다. 그리고 매년 열리기로 했던 친선 체육대회였지만 그 경기가 알파와 오메가가 되고 말았다.

하루 함께 모여 운동 경기를 하고 끝난 평범한 체육대회가 아니었다. 걸음마를 배우며 걷기 시작한 어린이처럼 우리 교회는 이제 부흥 발전하려고 발버둥을 치고 있었다. 이런 성도들에게 마음을 합하여 하나의 공동체를 이루게 하시려고 운동 경기를 하게 하신 것이었다. 그리고 용기를 가지고 나아갈 수 있게 하시려고 하나님은 친선 체육대회를 열게 하셨고, 큰 교회를 이기게 하심으로 새 힘을 불어넣어 주시고 자신감을 갖게 하신 것이었다. 이토록 하나님의 깊은 뜻이 체육대회에 담겨 있었다.

그 당시 S교회는 활발히 부흥되고 있는 교회였고, 청주에 있는 교회들 중에서 신앙생활의 열심을 말하라면 첫째로 손꼽을 만한 교회였다. 그리고 성도들이 단합도 잘 되었고, 목사님의 열심도 둘째가라면 서러워할 정도였다. 그러니까 그 교회는 작은 교회와의 경기에서 져도 교회 부흥에는 지장이 없었다. 그러나 우리 교회는 달랐다. 이제 어린이 상태를 벗어나 성장하는 교회로서는 큰 교회를 이겼다는 것이 대단한 힘이 된 것이었다. 다 하나님이 하신 것이었다. 참으로 하나님의 역사는 치밀하시고 하시는 모든 일에는 깊은 뜻이 담겨 있었다. 지금도 그때 응원하던 함성이 내 귀에 들리는 듯하다.

"SH!(S교회 이름) SH! SH가 최고야! 아니야! 아니야! 내덕이 최고야!"

4장
선교 현장에서

■■■ 선교 현장에서

빌립보선교회의 태동

선교는 주님의 지상 최대의 명령이다. 교회의 존재 목적도 복음을 전하는 것이 아니겠는가? 나는 우리 교회가 선교 명령을 잘 수행하는 교회가 되게 하고 싶은 욕망이 생겼다. 그래서 주님께 안디옥교회처럼 선교 잘 하는 교회로 인정받고 싶었다. 그런 의미에서 성도들을 잘 교육하여 선교하는 성도로 양육하고 싶었다. "개조는 창조보다 어렵다"는 말이 있다. 내가 큰 교회에 부임한 것이 아니고 이제 재개척을 하는 상태이니까 처음부터 성도들을 선교하는 교인으로 교육하기는 그리 어렵지 않다고 생각했다.

내가 늘 기도하기 위하여 찾아가는 우국기도원이 서울 불광동 산 꼭대기에 있었다. 따뜻한 봄이 되어 아지랑이가 피어오르는 어느 날 가방을 짊어지고 우국기도원에 올라갔다. 불광동 버스 정류장에서 내려 기도원까지 올라가려면 거의 한 시간 정도 올라가야 한다. 기도원에 오를 때는 늘 이런 생각을 했다. '가방을 짊어지고 올라가듯이 죄짐과 무거운 염려의 짐을 지고 올라가서 기도하고 내려올 때는 모든 짐을 다 내려놓고 가벼운 마음으로 즐겁게 내려오는구나!' 하는 생각에 기도원에 오를 때마다 희망을 안고 땀 흘리며 올라가곤 했다.

1976년 봄, 그러니까 내덕교회에 부임한 지 1년쯤 지나서였다. 신자도 몇 명 되지 않고 이것저것 사업을 벌일 여건은 아니지만 내 마음을 움직이는 하나의 소원이 있었다. 교회를 올바로 세우고 성도들을 바르게 지도하기 위해서는 처음부터 길을 잘 들여야겠다는 생각이었다. 그 핵심은 성도들을 선교하는 사람으로 만들고, 또한 남에게 무엇인가 받고자 하는 사람이 아닌 주는 사람으로 교육하고 싶었다. 그래서 선교회원을 모집하여 선교를 하고 싶은 마음이 들었다. 그 당시는 아직 교회가 너무 어려워 서문교회에서 약간의 생활비 도움을 받고 있던 때였다. 다시 말하면 교회가 미자립 상태였다. 그러나 우리보다도 더 어려운 교회를 지원하고 싶은 마음이 들었다. 이것은 하나님이 주신 마음이었다.

기도원에서 기도하는 기간에, 목사님 한 분을 만났다. 남부교회에서 시무하시는 이영준 목사님으로, 우리 교단 목사이며 나의 선배 목사님이기도 하다. 나는 기도원에 가서 기도할 때 기도하러 오신 다른 분들과 이야기를 나누는 것을 좋게 생각했다. 그 이유는 기도원에 올라오신 분들은 다 저마다 기도하는 이유가 있고, 은혜를 담은 간증거리가 있음을 알기 때문이었다. 그래서 이영준 목사님에게도 간증거리가 있을 것이라는 기대로 대화의 시간을 가졌다. 드디어 내가 기대했던 은혜로운 간증이 쏟아져 나오기 시작했다. 나는 그날 큰 감동을 받았고, 이 목사님의 간증을 듣게 하신 하나님의 깊은 뜻이 있음을 깊이 깨닫고 무척 기뻐했다. 이 목사님의 간증 내용은 이렇다.

이 목사님이 서울 남부교회에 부임을 하신 후에 처음 시도하신 것이 나의 생각과 비슷했다. 그분은 충청북도 산골인 수산교회에서 목회를 하신 경력이 있는 분이라 시골 교회의 사정을 너무 잘 아셨다. 그분의 생각은, 농촌의 어려운 교회를 도시 교회가 지원해야 한다는 것이었다. 그럴만한 이유가 분명히 있었다. 서울 교회의 신자 대부분은 시골 교회에서 신앙 교육을 받고 올라온 신자들이 많았다. 그 당시 조동진 목사님의 조사 보고에 의하면, 서울의 교회에 새로 등록한 새 신자들 중에는 서울 교회들이 전도하여 순수한 불신자가 나온 경우는 5% 정도밖에 되지 않고 나머지는 지방에서 이사 온 신자들이라고 한다. 그렇다면 지방 교회에서 전도하여 신자 만들어 교육시켜 놓으면 그 사람들이 서울로 이사 가서 교회 봉사는 서울 교회에서 하기 때문에, 시골 교회가 씨를 뿌려 키우면 열매를 거두는 것은 서울 교회라는 이론이 성립이 되는 것이었다. 그러므로 서울 교회를 비롯한 대도시 교회는 농어촌 교회에 대한 고마운 마음을 가져야 하고, 농어촌에 있는 어려운 교회를 도시 교회에서 지원해야 한다는 지론이었다. 이 이론에 반기를 들 사람은 하나도 없다.

그래서 이 목사님은 남부교회에 부임하여 농어촌 미자립 교회에 선교비를 보내자고 제안을 하셨다고 한다. 그러나 교회의 중직들이 반대를 했다. 그 이유는 당시 그 교회가 빚을 600만 원 정도 지고 있었기 때문이었다. 그러므로 우선 빚을 갚아야 하고 농어촌 교회 지원은 나중에 하자는 것이었다. 그러나 이 목사님은 뜻을 굽히지 않고, 그렇다면 교회 재정으로 하지 않고 선교회원을 모집하여 해야겠다고 생각하고 선교회원을 모집한 것이었다.

매달 1만 원씩 선교비를 내어 농어촌의 어려운 교회에 선교비를 보내자고 호소를 했다. 그러나 교회의 중직들이 또 반대를 했다. "주머닛돈이 쌈짓돈"이라면서 신자들이 선교비를 내면 교회에 내는 헌금이 줄어들어 경상비 충당이 어려워진다는 이론이었다. 그러므로 신자들에게 선교비를 내게 하는 것은 이 시점에서는 좋지 않다는 것이었다. 어떻게 생각하면 그럴듯한 이론 같지만 신앙 세계에서는 좋은 이론이 아니었다.

확실한 뜻을 가진 이 목사님은 교회 중직들이 반대함에도 불구하고 자신의 뜻이 하나님의 뜻에 부합된다는 확신을 가지고 선교회원을 모집했다. 의외로 선교회원들이 많이 나타나 농어촌 교회를 많이 지원하게 되었다. 그 당시 서울에 있는 어떤 큰 교회보다도 그 교회가 농어촌 교회를 제일 많이 도운 것으로 기억된다.

그러던 중 교회에 문제가 생겼다. 교회 정문 앞에 있는 집을 팔려고 내어 놓았는데 그 집을 교회에서 사지 않으면 앞이 막히게 되어 꼭 그 집을 사야만 하는 급박한 일이 생긴 것이었다. 그러나 교회에 빚이 600만 원이 있는 상태이기 때문에 그 집을 사는 일이 쉽지는 않았다. 그러나 그 집을 사야만 하는 필연성 때문에 헌금을 하기로 작정을 했다. 그리고 헌금을 했다. 헌금한 결과가 놀라웠다. 헌금이 많이 나와서 그 집을 사고 교회 빚 600만 원을 갚고도 조금 남을 정도가 된 것이었다. 할렐루야!

그런데 중요한 것은, 그 많은 헌금을 한 사람들이 대부분 선교회원이었다는 사실이었다. 이것은 교회 중직들이 이전에 전개했던 이론, 즉 신자들이 선교 헌금을 하면 교회에 내는 헌금이 줄어든다면서 "주머닛돈이 쌈짓돈"이라고 말했던 것이 얼마나 잘못된 이론인가 하는 것을 입증해 주는 일이었다. 또 다른 한편으로는 선교회비를 바친 신자들에게 하나님이 물질의 축복을 주셔서 헌금을 많이 할 수 있도록 축복하셨다는 사실도 입증해 주는 일이었다.

나는 그 간증을 듣고 결심을 굳혔다. 아직 미자립 상태에 있는 우리 교회지만 우리보다 더 어려운 교회를 지원하는 선교회원을 모집하여 선교회를 조직해야겠다는 결심이었다. 하나님이 나에게 선교회를 조직하여 선교하는 교회 성도로 교육하고자 하시는 깊은 뜻이 있었던 것이다. 그래서 나를 기도원으로 보내셨고, 이영준 목사님을 만나게 하셨으며, 아주 때에 맞는 적절한 간증을 듣게 하신 것이었다. 하나님의 계획은 억만 분의 1의 오차도 없이 진행되는 것을 다시 한 번 확인하게 되었다.

나는 교회에 돌아와 어려운 상태에서도 바울 사도를 돕고 선교비를 지원한 빌립보교회에 대한 설교를 하고 선교회원을 모집했다. 우리 교회 성도들은 가난하기 때문에 한 달에 1천 원 이상 선교비를 바칠 것을 제안하고 선교회원을 모집했는데, 감사하게도 10명이 지원하였다. 청년들이 대부분이었다. 그래서 빌립보교회를 생각하여

'빌립보선교회'라는 이름으로 선교회가 태동하게 되었다. 그리고 우리보다 더 어려운 교회에 매달 1만 원씩 선교비를 보내게 되었다.

26년이 지난 지금은 선교회원이 254명으로 증가하여 볼리비아, 브라질, 중국, 대만, 베트남, 네팔, 일본 등 해외 선교와 국내 미자립 교회에 선교비를 지원하는 일이 활발히 진행되고 있다. 지금도 나의 소원은 우리 교회 전체 신자가 빌립보선교회원이 되는 것이다. 온 성도들이 별도로 매달 기도하면서 선교비를 바치는 것이 더 바람직한 선교요, 주는 성도로 훈련되는 좋은 현상으로 믿기 때문이다. 진정 선교는 하나님의 선교(Misso Dei)이다. 우리는 주의 명령에 따라서 움직일 뿐 선교를 하시는 분은 하나님이시다. 그래서 선교 현장에서는 놀라운 일들이 많이 나타나는 것이었다. 지금도 주님의 음성이 계속 들려오고 있다.

"또 가라사대 너희는 온 천하에 다니며 만민에게 복음을 전파하라"
(막 16:15).

선교사 지망생 예쁜이와 뚱보 아가씨

1993년 7월 13일 대만행 비행기를 탔다. 이번에는 대만 평동 지역 평산교회(平山教會)에서 파이안족 원주민 청소년 부흥회를 인도하기 위하여 가는 것이었다. 오천근 목사와 함께 푹푹 찌며 후텁지근하고 무덥기로 유명한 대만을 향하여 가고 있는 것이었다. 대만에 가기만 하면 너무 더워서 땀으로 목욕을 할 정도지만 청소년들에게 복음을 전한다는 생각에 마음은 흥분되어 있었다. 청소년이 먼저 복음화가 되고 예수의 특공대가 되어야 한다는 것이 청소년 목회를 하면서 얻은 나의 결론이요 나의 생각이기 때문에, 청소년에게 복음을 전하는 일이라면 세계 어느 곳이든지 마다하지 않고 달려가고 싶은 심정이다.

타이페이 중정비행장에 내려서 비행기를 갈아타고 평동에 가려고 했는데, 선교사는 버스를 타고 가도 된다고 하며 버스로 우리를 안내를 했다. 버스를 타고 5시간 정도를 달리는데 창밖에 펼쳐지는 풍경이 볼만했다. 그러나 집회 시간에 맞추어 도착한다는 것이 거의 불가능해 보여 우리는 마음을 졸였다. 중국 사람들이 행동이 느리기는 하지만 오늘 따라 버스는 빨리 달리지 않는 것 같아 더욱 마음이 졸였다.

결국 평산교회에 도착한 시간이 집회 시작 시간보다 1시간이 늦어서였다. 교회에서는 청소년들의 힘찬 찬송 소리가 들려왔다. 우리는 미안한 마음에 몸 둘 바를 몰랐다. 비행기를 타고 가자는 우리의 제안을 묵살하고 버스를 타고 가도 된다고 했던 선교사가 원망스럽기도 했다. 교회에 들어서니 30명 정도의 청소년들이 눈에 띄었다. 은혜를 사모하는 청소년들, 힘차게 찬송을 부르는 청소년들이 귀엽기도 했고, 생기가 흘러 넘쳤다.

나는 "나를 보내소서!"라는 제목으로 설교를 했다. 위대한 민족의 지도자 모세처럼 민족의 복음화를 위하여 선교 헌신자가 되자고 역설을 했다. 예배 분위기는 매우 은혜로웠고, 아멘을 연발하는 가운데 은혜의 도가니에 빠져 들어가는 듯했다. 설교 후 찬송을 힘 있게 한 곡 부르고 통성 기도를 했다. 모두들 힘 있게 기도를 했다. 그들의 말을 알아듣지는 못했지만 은혜가 넘치는 기도임에는 틀림이 없었다. 통성 기도가 끝난 후에 나는 헌신자 초청 순서를 가졌다. 앞으로 하나님께 전적으로 헌신하기로 작정하는 학생은 내가 특별 기도를 해 줄 테니 그 자리에서 일어나라고 했다. 당시의 은혜로운 분위기로 보아서 여러 명이 일어날 것 같았다. 그런데 이것이 웬일인가? 한 명도 일어나지 않았다.

나는 좀 쑥스러운 마음과 서운한 마음을 간직한 채 집회를 마치고 교회 사무실로 들어왔다. 너무 더워서 목에 흘러내리는 땀을 닦고, 시원한 음료수를 마시려고 컵을 들었을 때 여학생 두 명이 곧장 사무실로 들어와 나를 찾았다.

한 학생은 그 교회의 피아니스트로 얼굴이 검고 원주민 고유의 인상을 풍기는 여학생이었고, 또 한 학생은 간호전문대를 졸업한 학생으로 그 교회의 구(邱) 장로의 딸이었으며 용모가 아름답고 예쁜 학생이었다. 그들은 자기들이 선교 헌신자가 되겠다며 특별 안수 기도를 해 달라는 것이었다. 나중에 안 일이지만 그곳 학생들은 대중 앞에서 일어나는 것을 싫어하는 풍습이 있다는 것이었다. 진정 선교를 하려면 그 선교지의 문화를 이해하는 것이 선행되어야 한다는 것을 절감했다. 나는 그 학생 한 사람 한 사람에게 안수 기도를 간절히 해 주었다.

"주여! 이 귀여운 두 학생들을 축복하여 주시옵소서! 이들이 예수의 특공대가 되게 하여 주시옵소서! 오늘 이들의 마음이 변치 않도록 주께서 지키시고 항상 성령의 충만함을 주시옵소서! 능력 있는 주의 헌신자가 되게 하시옵소서!"

나의 눈과 두 학생들의 눈에서는 뜨거운 눈물이 흘러내렸다. 성령께서 강하게 역사하심을 실감했다. 하나님께서 두 학생을 헌신자로 부르시려고 우리를 이곳으로 보내신 깊은 뜻을 깨닫게 되면서 주님께 쓰임 받는 일이 너무나 기뻤다. 푸른 하늘을 나는 듯 정말 기뻤다.

"주여! 모든 영광을 받으소서! 할렐루야!" (롱야오 주 예수!)

이색적인 캠프파이어 예배

1996년도 여름방학을 이용하여 청소년 집회를 인도해 달라는 요청을 대만 성결교회 동대교구(東台敎區)로부터 받았다. 교구 연합으로 청소년 수련회를 개최한다는 것이다. 이미 우리 아주선교회에서 대만 화련에 있는 부족들 교회 (장로 교회) 청소년 수련회를 통하여 많은 학생들이 은혜를 받고 헌신자가 나타나 신학교에 들어간 학생들이 있다는 소식을 들었기에 같은 교단인 성교회(聖敎會)에서 요청을 한 것이다.

청소년 집회라면 당장이라도 달려가고 싶은 마음이기에 만반의 준비를 하고 대만행 비행기를 탔다. 그런데 이것이 웬일인가? 청소년 집회가 취소가 되었다는 소식이었다. 그곳 교단 교역자들 간의 어떤 불화 때문에 총회에서 허락을 할 수 없다는 이유로 취소가 되었다는 것이다. 그 동안에도 대만에서 여러 차례 계획이 갑자기 변경되는 것을 경험했었지만 이것은 너무했다. 그러나 이제 어쩌란 말인가? 이미 몸은 대만으로 향하고 있으니 말이다.

그러나 인간의 계획은 변경이 되고 취소가 될 수 있지만 우리를 대만으로 보내시는 하나님의 다른 계획이 있을 것이라는 믿음을 가지고 마음을 가라앉히고 즐거움으로 대만 땅을 밟았다. "주여! 주님의 뜻을 이루소서! 결단코 허공을 치지 않을 줄로 믿습니다!"

8월13일 저녁, 자동차 정비 공장을 운영하는 왕 선생 집에서 가정 예배를 드리게 되었다고 한다. 우리 일행은 주님의 뜻이 있을 것으로 믿고 가정 부흥회를 계획했다. 왕 선생 집 가정 예배는 우리들의 원래 계획에는 없었지만 하나님의 계획에는 있었다. 왕 선생은 로터리클럽 회원으로 사회 활동을 많이 하는, 영향력이 있는 사람이었다. 예수 믿기로 작정하고 교회에 나오기는 하지만 아직 초신자의 자리에 머물고 있었다.

우리 일행은 수요일 저녁 왕 선생 집에 모였다. 그의 집은 원주민들의 초라한 집과는 달리 꽤 좋았다. 천장에는 큰 선풍기가 돌아가고 있고, 소파도 값이 꽤 나가는 것 같이 보였다. 그 집에서 저녁 대접을 받고 차 한 잔씩 마신 후에 저녁 예배가 시작되었다.

그날 설교는 "새로운 피조물"(고후 5:17)이라는 말씀이 선포되었고, 예배 후에 2부 순서로 대역사가 벌어졌다. 왕 선생 가정에서 평생 모셔온 우상(빠이빠이)을 제거하는 역사적인 일이 진행된 것이다. 왕 선생은 예수를 믿고 우상을 섬기는 것이 잘못된 일임은 알지만 그 우상을 제거하지는 못하고 있었다. 그 이유는 우상을 없애면 화가 임한다는 생각이 있었고, 주변에 있는 일가친척들도 우상을 없애면 큰 화가 임한다고 압력을 넣었기 때문이었다. 대만은 웬만한 집에서는 모두 우상을 모시고 산다. 그래서 밤만 되면 우상이 있는 방에 붉은 전등불을 켜 놓는다. 그래서 밖에서도 쉽게 우상을 섬기는 것을 알 수 있다.

선교사도 우상을 제거하라고 권면했지만 어쩔 수가 없었다. 하나님이 오늘 우리들에게 우상을 없애는 기회를 허락하신 것으로 우리는 확신했다. 그래서 예배 후에 우상 제거 작업을 시작한 것이다. 우상이 있는 이층 방으로 올라갔다. 이층 방 전체에 우상을 놓아 둔 것이었다. 한쪽 면을 다 차지하고 위엄(?)을 자랑하고 앉아 있는 오색찬란한 우상이 볼만했다. 우상을 올려놓은 받침대는 최고급 통나무로 만들어져 있었다.

십자가의 군병이 된 우리들은 도끼를 가지고 그 방에 들어섰다. 도끼로 우상을 찍어 허물기 시작했다. 때려 부수면서도 우상의 받침대가 너무 잘 만들어진 것이어서 부수기가 아까운 생각도 들었다. 그러나 무척 더운 날씨에 비지땀을 흘리면서 우상을 제거하여 밖으로 내보내는 기분이 퍽 좋았다. 엘리야가 기손 시냇가에서 바알 선지자들을 때려죽이는 기분이 들었다. 참으로 통쾌하고 신이 났다. 우리는 우상 부순 것을 차에 싣고 어두움을 헤치며 30분 정도 달려 큰 강가에 도착했다.

강가에는 제법 시원한 강바람이 불어 왔다. 아무 인적 없는 적막한 곳이었다. 강가에 우상의 잔재들을 쌓아놓고 불을 붙였다. 예기치 않은 캠프파이어가 시작된 것이다. 불길이 높이 솟으며 강바람에 뜨거운 화기가 강하게 느껴져 왔다. 우리는 그 불을 중심으로 둘러섰다. 그리고 서로서로 손을 잡았다. 모두의 얼굴이 불빛에 붉게 달아오르고 있었다. 타오르는 불빛만 작용한 것이 아니다. 분명한 것은 성령께서 우리들의 마음속에 성령의 불을 붙인 것이었다. 왕 선생의 가족들과 우리들은 통성으로 기도를 했다. 마귀는 물러가고 성령께서 충만히 임하여 왕 선생의 가족을 축복해 주시고 대만에 성령의 불길이 타오르기를 위해 소리를 지르며 기도를 했다. 활활 타오르는 불꽃과 함께 바람에 날리는 재를 바라보면서 우리는 승리감에 도취하여 찬송을 부르기 시작했다. "예수님 찬양"을 중국어로 힘차게 불렀다.

"예수 쩐성리 예수 쩐성리 예수 쩐성리 성리
 예수 쩐성리 예수 쩐성리 예수 쩐성리 성리
 할렐루야 할렐루야 예수 쩐성리
 할렐루야 할렐루야 예수 쩐성리"

그리고 "예수 이름으로 승리를 얻었네" "승리는 내것일세"를 계속하여 우리말로 힘차게 불렀다. 정말로 신바람이 났다.

조용한 강가에 승리감에 도취한 십자가의 군병들이 함성을 지르고 있는 것이다. 갈멜산의 엘리야 제단에 불이 붙듯이 대만 화련강가에 성령의 불이 붙었고, 바알과 아세라 선지자 850명과 대결하여 승리하고 기손 시냇가에서 바알 선지자들이 비명을 지르며 죽어가 듯이 화련 강 가에서 우상들이 비명을 지르며 죽어 가고 있는 순간이다. 타오르는 불빛에 비친 우리 일행의 얼굴에는 승리케 하신 주님의 모습이 보이는 듯했다. 불붙는 우상을 바라보며 기뻐하는 주인공 왕 선생이 고백하였다.

"너무 감사합니다. 지금 이 시간이 내 일생에 제일 감격한 순간입니다."

모닥불을 중심으로 우리는 둘러앉아 하나님이 주시는 보너스인 소시지와 음료수를 나누며 즐거운 시간을 가졌다. 그날 따라 불어오는 강바람이 얼마나 시원한지…. 마음은 성령의 역사로 뜨겁고, 온몸은 성령의 강바람에 시원하고…. 하나님의 계획 하나하나가 우리들을 통하여 이루어지는 것을 확인하면서 이런 생각이 뇌리를 스쳐 갔다.

"청소년 집회는 취소되었지만 우상을 제거하는 하나님의 치밀한 계획이 있었구나!"

"우리를 이곳으로 보내신 하나님의 이 같은 깊은 뜻이 있었구나!" 할렐루야!

오늘도 그날의 감격을 잊을 수 없다. 예기치 않았던 캠프파이어 예배…. 여호와 닛시!

손만한 작은 구름이 일어나나이다

1997년 5월 28일 수요일이다. 우리 교회 부흥회가 끝난 날이었다. 우리 교회에 대만에서 오신 원주민인 이계생(李季生) 목사님 일행이 오신다는 것이다. 대만 화련에 있는 서림교회(西林敎會) 담임 목사이신 이 목사님이 그의 부인과 신자 몇 명을 인솔하고 한국을 방문하신 것이었다. 그전에도 대만의 목사님들이 방문한 적이 있었지만 그때마다 선교사님이 동반하여 인도를 했기 때문에 의사소통에는 문제가 없었다. 그러나 이번에는 선교사가 사정상 오지 못하고 그들만 우리 아주선교회가 모든 안내를 해 줄 것을 믿고 온 것이었다. 그러나 대만 사람들만 왔기 때문에 의사소통이 되지 않았다. 이 목사는 나와 친분이 있는 대만 원주민 목사님이다. 몇 년 전 내가 그 교회에 가서 청소년 집회를 인도한 적도 있었다. 월요일에 한국에 와서 이틀 동안 인천에 계신 오천근 목사의 인도로 서울 몇 군데를 돌아보았다는 것이다. 내가 회장으로 있는 아주선교회에서 대만에 몇 년 동안 선교를 하고 있기 때문에 이 목사님은 나와 친분이 있었고, 그러기에 수요일에 우리 교회에 와서 예배를 드리고 싶어하신 것이다.

수요일 오전 10시 반경에 전화가 걸려 왔다. 오천근 목사님이 그 일행을 모시고 봉고차로 지금 청주에 거의 도착했다는 전화였다. 빨리 오라고 했더니 이계생 목사님에게 전화를 인계했다. 그냥 빨리 오라고 해도 막무가내로 이 목사님을 전화로 바꾸어 주었다. 전화를 바꾸어 준 이유는 이 목사님이 한국에 온 후 이틀 동안 말을 못 해서 나하고 말을 하고 싶다는 것이었다. 인천에 있는 목사님들이 그들 일행을 안내했으나 중국어를 하지 못해서 벙어리로 이틀 동안을 지냈다는 것이다. 말이 통하지 않으니 그 동안 얼마나 답답했겠는가 생각하니 이 목사님의 마음을 이해할 듯하다.

그러나 난들 별 수 있나? 나도 중국어를 못 하는 것은 마찬가지이다. 단지 간단한 몇 마디 정도는 하기 때문에 그나마 나하고 대화를 하고 싶다고 요청을 한 것이다. "애꾸가 장님 촌에서 반장 노릇 한다"는 말이 있듯이 다른 목사님들보다는 조금 나을 뿐 나도 중국어를 못 하는 것은 마찬가지였다. 나도 중국어에는 온전치 못한 애꾸에 해당이 된다.

이 목사님은 전화를 바꾸어 간단한 인사의 말을 한마디 하더니 나에게 수요 예배에 자기가 설교할 수 있도록 해 달라는 것이었습니다. 나는 통역할 사람이 없기 때문에 불가능하다고 적당히 말을 했다. 그러나 이 목사님은 내 말을 알아들었는지, 또다시 자기가 설교를 할 수 있게 해 달라고 간곡히 부탁을 하는 것이었습니다. 그러나 나의 대답은 똑같았다. "통역관이 없어서 불가능합니다." 엉터리 중국어겠지만 이 목사님은 알아들었다.

전화를 끊고 조금 후에 이 목사님의 일행이 우리 교회에 도착했다. 사택으로 영접하여 차를 대접했다. 이 목사님과 사모 그리고 원주민 특유의 인상을 풍기는 얼굴이 검고 뚱뚱한 여자와 홀쭉한 여자가 눈에 띄었다. 그런데 이 목사님은 자리에 앉자마자 또 그날 저녁 예배에 설교를 할 수 있게 해 달라는 것이었다. 참으로 난감했다. 별안간 중국어를 잘하는 통역관을 어디서 구할 수 있겠는가 말이다. 우리 교회에 대학에서 중국어과를 나온 집사님이 한 분 계시기는 하지만 설교 통역은 쉽게 할 수 있는 것이 아니었다.

나중에는 이 목사님이 호주머니에서 설교 원고를 꺼내어 나에게 보여 주면서 또 부탁을 하는 것이었다. 대만 목사님들은 한국에 와서 한국 교회에서 설교하는 것을 큰 영광으로 알고 있기 때문이었다. 그래서 이 목사님도 설교를 하고 싶어서 안달을 하시는 것이었다. 설교 원고를 받아서 읽어 보았다. 중국어 한문으로 한 장 빽빽이 앞뒤로 적혀 있었다.

講道題目 : 眞實的愛. 聖經 : 路加 10:30-37
"基督敎的 信仰是以愛出發…" (눅 10:30-37).

강도 만난 사람을 돌봐 주는 선한 사마리아 사람의 이야기가 본문이었는데, "참 사랑이 무엇이냐?" 는 주제로, 내용은 사랑을 실천해야 한다는 것이었다. 첫 줄은 "기독교의 신앙은 사랑으로부터 출발한다."는 말로 시작이 되었다. 첫 줄은 내가 알 수 있었다. 그러나 그다음의 내용은 자세히 훑어보니 5분의 1 정도는 알 수 있을 것 같은데 그 나머지는 알 수가 없었다. 5분의 1 정도 아는 것을 가지고는 설교 통역을 할 수 없었다. 나는 그 설교 원고를 복사해서 통역을 할 수 있는 곳이 있는가 알아보아 한 군데 부탁을 해 놓고 속리산을 관광시켜 주기 위하여 봉고를 타고 속리산으로 향했다.

만약의 경우에 통역할 사람이 없으면 나라도 한번 대충 해 보려고 원고를 뚫어지게 보며 속리산으로 갔다. 속리산까지 가면서 원고를 계속 훑어보니까 처음보다는 더 내용을 알 듯하여 4분의 1 정도는 이해할 듯했다. 어떻게 하겠는가? 이 목사님은 설교를 꼭 하고 싶다고 하고 통역할 사람은 없으니 다른 방법이 있겠는가? 쥐도 고양이를 만나 도망 가다가 막다른 골목에 이르면 돌아서서 고양이를 문다는 말도 있지 않은가? 나는 이제 할 수 없이 막판에는 나라도 통역을 해 보아야 하겠다고 생각하고 대비를 했다. 별 수 없지 않은가?

식당에서 식사 시간에 식사를 대충 마치고 이 목사님에게 원고를 펴 놓고, "당신이 한 번 말할 때에 어디까지 말을 할 것인가? 원고에 점을 찍으시오."라고 했다. 이 말도 정확한 중국어 표현은 아니고 엉터리 중국어지만 어쨌든 알아듣고 이 목사님은 좋아하면서 원고에 점을 크게 찍기 시작했다.

대충 점을 찍고는 속리산 법주사 경내를 둘러보고 즉시 돌아왔다. 돌아오면서도 나는 원고 들여다보느라고 시간을 거의 다 보냈다. 원고를 들여다보기도 바쁜데 자꾸만 말을 건다. 한국의 고전 옷은 얼마면 살 수 있느냐는 둥, 시장을 둘러볼 수 있겠느냐는 둥 자꾸만 말을 건다. 다 알아듣지도 못하는 말을 자꾸만 했다. 엉터리 중국어, 손짓 발짓을 하며 대꾸를 하고는 또 원고를 들여다보았다. 고시 공부하는 사람이 시험 날짜가 다가온 것 같았다. 그러나 여전히 3분의 2 이상은 무슨 말인지 몰랐다. 빨리 저녁식사를 대접하고 예배 시간에 맞추어야겠기에 교회 근방에서 식사를 하려고 식당을 골랐다. 나는 아내에게 "어느 식당으로 가면 좋을까?"라고 물었다. 아내는 잠시 생각하더니 "서대골로 가시지요."라고 했다. 교회에서 7분 정도 차로 가면 야산 중턱에 고깃집이 있었다. 그곳에는 면(麵)도 있기 때문에 그곳으로 가기로 하고 서대골식당으로 갔다.

　나는 그분들에게 "무엇을 먹겠습니까? 고기를 먹은 후에 밥을 먹겠습니까? 면(국수)을 먹겠습니까?"라고 간단한 말을 중국어로 했다. 그런데 그들이 중국어로 말하는 것을 듣고 있던 식당 여종업원이 우리에게 묻기를 "이 사람들이 중국 사람들입니까?" 그래서 나는 "예, 대만 사람들입니다."라고 대답했더니 그 종업원이 하는 말이 "저는 조선족입니다." 하는 것이었다. 그래서 그들이 하는 말을 다 알아듣는다는 것이다. 그리고 그들에게 중국어로 말을 거는 것이었다. 그때 나는 정신이 바짝 났다.

　'야! 됐다! 하나님이 이곳으로 보내 주셨구나!'

　구세주를 만난 듯 기쁨으로 나는 그 종업원에게 설교 원고를 해석해 달라고 요청을 했다. 그랬더니 그는 말하기를 "저는 중국 말만 하지 글은 모릅니다." 하며 빙그레 웃는다.

　'세상에 이럴 수가!' 그런데 그는 이어서 하는 말이 "저희 식당에 중국어를 잘 아는 조선족 종업원이 또 하나 있습니다."라고 일러 주었다. 나는 그 종업원을 찾았다. 조금 후에 그가 나타났다. 나는 저녁 식사 할 겨를도 없이 그 종업원을 붙들고 설교 원고를 해석하기 시작했다. 그는 예수를 믿는 사람이 아니라 성경의 용어를 잘 몰랐다. 그래서 성경에 나오는 율법사를 변호사로 해석을 했다. 그런 것은 내가 알아서 정리를 했다. 저녁 식사도 못 하고 설교 원고 해석을 거의 다 마치니까 예배 시간이 되었다.

　중국어를 하는 조선족이 있는 식당으로 우리를 인도하신 하나님의 은혜를 생각하며 하나님의 자상하신 역사가 얼마나 치밀한가를 다시 한 번 확인했다. 어쩌면 그렇게 하나님은 자상하신가? 우리의 형편을 너무도 잘 아시는 주님! 참으로 놀랄 일이었다. 하나님의 일을 하려는 사람에게 하나님의 자상하신 보호 인도가 있음을 다시 한 번 확인하는 순간이었다.

　나는 이 목사님과 함께 모든 신자들의 시선을 받으며 강단으로 올라갔다. 드디어 설교 시간이 되었다. 대만 원주민 이 목사와 나는 강단에 섰다. 모두들 신기한 듯 나를 쳐다보며 웃음을 지었다. 설교 전에 나는 오늘 있었던 모든 일을 자상하게 자초지종을 성도들에게 말했다. 하나님이 설교 원고를 해석할 수 있도록 조선족이 있는 식당으로 인도하셨다는 말을 할 때 나는 좀 흥분해 있었다. 나는 성도들에게 이렇게 하여 설교 통역을 하게 되었다는 것을 말하고, 본문과 전혀 동떨어진 통역을 하지는 않을 것이라며 안심을 시키고는 설교를 시작했다.

　이 목사님이 강단에 서시고 나는 옆에서 번역한 원고를 놓고 통역을 하려고 섰다. 그런데 이 목사님이 가진 중국어 설교 원고에는 한번에 어디까지 말씀하실 것이라는 부분에 점을 찍었는데 번역을 한 내가 가진 한국어 설교 원고에는 점을 찍을 시간이 없어서 표시를 하지 못했다. 그래서 한 번에 어디까지 한다는 것을 정확히 알 수가 없었다. 그냥 내가 짐작으로 알아서 할 수밖에 없었다. 내가 중국어를 전혀 못 하는 것은 아니니까 어느 정도 눈치껏 어디까지 말을 할 것인가는 대충 알 수 있었다.

설교가 시작이 되었다. 성도들은 신기한 듯 나를 쳐다보고 있다. 그도 그럴 법한 것이 중국어도 잘 못 하는 사람이 통역을 하겠다고 나와 섰으니 웃기는 일이었다. 그런데 이상한 일이 벌어졌다. 중국어를 잘 못 해서 남이 해석해 놓은 원고를 들고 통역을 하려고 서 있는 나는 두려움이 없이 담대한 마음으로 섰고, 중국어로 설교하는 대만 교회 이 목사님은 두려워서 떨고 있는 것이다. 참으로 이상한 일이었다. 해석된 설교 원고를 쳐다보고 있는 나는 통역을 준비하고 있는데 이 목사님이 설교에 들어가기 전에 원고에 없는 인사 말씀을 하는 것이 아닌가? 나는 즉흥적으로 그의 인사말을 통역했다.

"워 젠 다우니먼 헌 까우싱."(여러분을 만나뵙게 되어서 참으로 기쁩니다.) 여기까지는 좋았는데 그 다음 하는 말은 다 알아들을 수가 없었다. 그러나 그의 말 중에 내가 중국어 성구를 외울 때 나온 말이 나오는 것이 아닌가? 그 말은 두렵다는 의미였다. 그래서 나는 눈치껏 어림잡아 통역하기를 "이 목사님이 여러분 앞에서 설교를 하려고 서니 매우 두렵고 떨린다고 말하시는 것 같습니다." 그러니까 신자들이 "하하하!" 하며 소리를 내어 웃었다. 나는 맨 뒤에 앉아 있는 중국어과 출신 김진성 집사에게 "집사님! 그 말이 맞지요?"라고 물었다. 그러니까 김 집사님이 그렇다고 고개를 끄덕였다. 그때 신자들은 큰 소리를 내며 "와!" 하고 웃었다. 참으로 웃기는 코미디 설교가 시작된 것이다. 나는 그날 별 이상 없이 설교 통역을 했다. 나의 자력으로 한 것은 아니지만 내 생애 중국어 통역은 처음 있는 일이었다.

그런데 설교 원고 뒷부분에 자기만 알아볼 수 있도록 요약한 부분이 있었다. 그것은 무슨 말을 할지 모르니까 번역을 하지 못했다. 그런데 이 목사님은 신바람이 났는지 그 요약 부분을 설교하는 것이었다. 그러니 어떻게 하겠는가? 말씀하시는 것 중에 몇 마디 알아듣는 것을 적당히 말을 붙여서 설교를 했다. 그러니 이 목사님의 설교 길이보다도 통역하는 내 말이 더 길 수밖에 없었다. 참으로 웃기는 일이었다. 그러나 한 가지 분명한 것은 그날 내가 전혀 엉뚱한 말을 하지 않았다는 것과, 웃기기만 한 것이 아니라 성령의 역사로 은혜도 충만했다는 사실이다. 하기야 설교는 우리 인간이 하지만 역사하시는 분은 성령님이 아니신가! 참으로 재미있고 은혜로운 시간이었다.

그날 예배 후에 권사님 한 분은 설교 시간에 대하여 평하기를, 텔레비전에 나오는 어떤 코미디 프로보다도 더 웃기는 시간이었다고 말을 했다.

그날 나는 하나님께 감사를 드리며 이런 기도를 드렸다. 엘리야가 갈멜산 꼭대기에 올라가서 비를 내려 달라고 기도한 것이 성경에 나온다(왕상 18:41-46). 엘리야가 기도하다가 사환을 내보내 "바다 편을 바라보라."고 하며 비가 오는지를 알아보도록 했을 때 아무런 변화가 없다고 보고하는 사환에게 일곱 번까지 다시 나가 보라고 했고, 일곱 번째 밖에 나가 본 사환이 돌아와서 하는 말이 "바다에서 사람의 손만한 작은 구름이 일어나나이다."라고 말했다. 그때 엘리야는 큰 비가 내릴 것이라면서 아합 왕에게 빨리 마차를 타고 내려가도록 하라고 한 말이 생각났다. 손만한 구름은 큰 비가 내릴 것을 보여 준 증표였다. 그것을 생각하며 나는 이런 기도를 드렸다.

"하나님! 오늘 제가 중국어 설교 통역한 것은 불안전하였지만 엘리아의 기도에 응답하셔서 보여 주신 사람의 손만한 구름으로 믿습니다. 그러므로 큰 비가 곧 내리듯이 제 자신이 중국어로 설교할 날도 올 것을 믿습니다. 주여! 제가 중국어로 설교할 날이 꼭 오도록 도와주시옵소서! 믿습니다! 할렐루야! 아멘!"

하나님은 나에게 중국어 설교를 하기 위하여 더 노력하며 더 깊은 관심을 갖게 하시려고 중국어도 잘 못 하는 나에게 중국어 통역을 하시도록 유도하신 것이었다. 이 목사님이 통역도 없는데도 자꾸만 설교를 하시겠다고 떼를 쓰다시피 말씀하셨던 것도 따지고 보면 하나님이 그렇게 시켜서 하신 것으로 생각이 되었다. 중국어를 잘 하지 못하는 내가 막판에 가서는 통역을 해 보자는 마음을 먹은 것도 하나님이 주신 마음이었다. 되어 가는 상황은 인간의 생각대로 판단하여 말할 수 있지만 모든 상황에는 하나님의 깊은 뜻이 담겨 있음을 우리는 나중에서야 깨닫게 된다. 참으로 우리 인간은 미련하기 짝이 없다. 중국 선교에 관심을 갖게 하시는 하나님의 깊은 뜻이 있음을 확인하면서 진정 하나님께 감사할 뿐이다. 처음에는 손만했던 구름이 후에 큰비로 변하듯이, 불완전한 통역으로 시작했지만 반드시 중국어로 설교할 날이 있을 것을 기도했는데 그 기도가 3년 후에 이루어졌다. 이 간증이 다음 간증(중국어 선교 30분의 역사)에 나오기 때문에 여기서는 기록하지 않고 넘어간다.

비행 청소년의 눈물

1997년 8월 4일부터 8일까지 대만 화련 마원교회(馬遠教會)에서 한중(韓中) 청소년 연합수련회가 열렸다. 한국에서는 청주 내덕교회, 인천 영음교회, 천안교회 청년들 36명이 참석했다. 이국 땅 선교지에 도착한 우리 일행들은 흥분하기 시작했다. 이미 땅거미가 진 어두운 시간에 수련회 장소인 마원교회에 도착했다. 버스에서 내려 예배당으로 들어가니 원주민 청소년들이 열심히 찬송을 부르고 있었다. 원주민 청소년들의 시선을 한 몸에 받으면서 우리 일행은 앞자리에 자리를 잡아 앉았다. 처음 만나는 만남이지만 대화가 이루어지기 전에 벌써 성령의 인도로 반가운 정이 오가고 있었다.

대만에서는 원주민 푸농족 청소년들 220명이 참가했다. 첫날 밤부터 청소년들은 서로의 만남을 가지며 하나님을 찬송하면서 흥분하기 시작했다. 첫날 밤은 문화 교류의 밤이었다. 내덕교회 청년들은 한복을 입고 부채춤을 추었고, 영음교회 청년들은 한복을 입고 꼭두각시 춤을 추었으며, 천안교회 청년들은 복음송을 준비하여 불렀다. 대만 원주민들은 원주민 복장을 입고 노래와 춤을 추었고, 어른들도 전통 복장을 하고 특별 출연을 하여 부족 노래를 원주민 언어로 불렀다. 말을 알아듣지는 못했지만 신기하고 재미있었다. 그곳 군수도 와서 축사하였다. 대만과 한국 양국의 문화 교류가 이루어지는 시간이요, 예수 사랑으로 하나가 되는 은혜로운 시간이었다. 그런데 그날의 축제가 소문이 나서 그 동네 사람들이 한국 사람들의 전통 춤을 다시 보고 싶다고 하였다. 그래서 앙코르 공연식으로 수련회 마지막 날 밤에 다시 축제의 시간을 갖게 되었다. 첫째 날은 예배당에서 했지만 다시 갖는 축제는 마원교회의 넓은 마당에서 하기로 했다.

넓은 원형으로 청소년들이 둘러앉았고, 많은 관람객들이 보는 앞에서 또다시 공연이 시작되었다. 우레와 같은 박수를 받으면서 한국의 전통춤의 묘미를 보여 주었다. 그리고 춤을 출 때 입었던 한복을 다 벗어서 대만 사람들에게 기념으로 나누어 주었다. 그리고 계속 이어서 대만 학생들과 한국 학생들과 번갈아가며 준비한 것을 발표하며 재롱을 부렸다. 청소년들은 신이 나서 자기들의 재능을 100% 발휘하는 것 같았다. 남녀가 모였고 다른 나라 청소년들과 함께 모였으니 청소년들의 마음이 어떻겠는가? 정말 신바람들이 났다. 한참 흥이 돋우어지는 순간에 대만 청소년 차례가 되어 남학생과 여학생 두 명이 나왔다.

개인 의자 하나를 들고 나오는 그들의 복장과 모습이 유별났다. 모두들 시선을 집중시켰다. 남학생은 머리를 노랗고 붉은 색깔로 염색을 하고 무스를 발라서 추켜세우고 다리를 흔들면서 나오는 폼이 문제 청소년처럼 보였고, 여학생 역시 살을 많이 드러내는 옷을 입고 나오는 걸음걸이가 역시 문제 청소년처럼 보였다. 나이는 스무 살이 채 못 된 나이처럼 보였다. 당시에 한국은 아직 노란 머리 염색이 유행되기 전이고 배꼽티도 유행되기 전이었기에 더욱 튀어 보였다. 의자를 중앙에 놓고 준비 동작을 하고 서 있자 경쾌한 음악이 흘러나왔다. 음악에 맞추어 춤이 시작되었는데 춤 솜씨가 제법이다. 그런데 한창 춤이 무르익어 가는데 그들의 춤은 더욱 신바람을 가하며 관객을 사로잡았다. 어깨 흔들기, 엉덩이 돌리기, 앞뒤로 튀기기, 온몸이 상하좌우로 움직이는데 얼마나 부드럽고 유연한지 모르겠다. 시간이 흘러갈수록 그들의 춤은 그대로 눈뜨고 보기가 민망할 정도였다. 나이트클럽에서 스트립쇼를 하는 것보다도 더 짙은 퇴폐적인 내용의 춤이 계속되었다. 두 사람의 춤 내용이 퇴폐 젊은이의 성 관계 모습을 그대로 적나라하게 표현하는 징그러운 내용의 춤이었다. 나는 얼굴이 붉어지건만 대만 청소년들은 괴성을 부르며 흥분하기 시작했다. 춤 추는 학생들의 얼굴이 자기들 쪽으로 향하기만 하면 더욱 괴성을 지르며 어떤 학생은 앞으로 뛰어나와 비슷한 동작을 취하며 흥을 더욱 돋우는 행동을 하기도 했다.

이상한 예감이 들었다. 이러다가 은혜롭게 잘 진행된 청소년 수련회가 이상한 데로 흐르는 것이 아닌가? 잘 나가다 삼천포로 빠져 가는 것 같아 무척 걱정이 되었다. 그렇다고 중단시킬 수도 없고, 어쩌면 좋을까 고민하는 중에 춤은 끝이 났다. 인기를 독차지한 듯한 두 학생은 땀이 범벅이 되었고, 그 땀을 닦으며 뽐내며 들어왔다.

이어서 다른 학생들의 순서가 진행되는 동안 열심히 몸을 비꼬며 춤을 추던 여학생을 한쪽 옆으로 불렀다. 박복귀 선교사와 함께 그 여학생과 대화를 시작했다. 대화가 진행되면서 그 학생은 흥분을 가라앉히며 차근차근 자신의 형편을 털어놓았다. 그의 부모는 이혼을 했고, 어머니마저 다른 남자와 바람이 나서 가출했고, 자기와 어린 동생 하나만 버림받아 어렵게 살아가고 있다고 한다. 그래서 자기 혼자 동생을 먹여 살리고 공부까지 시키느라고 어린 나이에 뒷골목 생활도 해 보았다는 것이었다. 그는 자신의 비참하고 외로운 처지를 털어놓으며 울기 시작했다. 이 여학생과 같은 청소년들이 하나둘이 겠는가?

그에게 예수 그리스도를 소개하고 예수의 사랑 안에서 얼마든지 성공적인 삶을 살 수 있음을 말해 주고, 그 여학생을 앉혀놓고 안수 기도를 해 주었다.

"주여! 이 학생을 불쌍히 여기시옵소서! 주의 품에 안으시고 축복하여 주시옵소서! 앞으로 형통한 길로 인도하시고 예수를 평생 모시고 행복한 삶을 살아가도록 이끌어 주옵소서! 세속의 삶에서 구원하여 주시고 주의 손으로 붙잡아 주시옵소서!"

그 학생은 앞으로 열심히 신앙생활을 잘 하면서 꿋꿋하게 살아가겠다고 말하며 눈물을 닦았다. 그의 눈에서는 빛이 나는 듯 총명한 눈망울이 희망에 넘쳐 있었다.

"죄악이 많은 곳에 은혜가 풍성하다"는 말이 있다. 퇴폐적인 춤에서도 하나님의 역사하심을 발견하면 하나님의 귀한 뜻은 이루어진다. 문제 학생이 예수의 특공대가 될 수 있음을 나는 확신한다. 하나님의 깊은 뜻을 또다시 깨달으며 주님께 감사할 뿐이다.

그날 따라 밤하늘에 떠 있는 별들이 유난히 반짝인다. 한국 하늘의 별들이나 대만 하늘의 별들의 모습이 같듯이 청소년들의 문제 역시 같고, 예수의 특공대가 될 수 있는 것도 똑같다. 반짝이는 별을 바라보는 나의 마음은 희망에 넘쳐 있었다.

대만 청소년들은 문제가 너무 많다. 가정에서 부모님의 돌봄이 너무 미약하다. 어려운 문제들이 있는 가정을 심방하여 기도해 주는 시간을 가졌다. 저녁 집회가 끝난 후 밤 12시가 넘도록 가정을 방문하며 특별 기도를 해 주었다. 성도들의 가정을 방문하면 가출한 자녀가 돌아오도록 기도를 요청하는 가정이 꽤 많이 있었다. 술, 담배, 마약 문제, 심지어는 생활비를 마련하기 위하여 자기 딸을 사창가에 내보내는 부모가 다 있다고 하니 청소년 문제가 얼마나 심각한가? 사창가의 여자들이 거의 원주민 청소년들이라고 한다. 그렇다면 이들을 바로잡을 수 있는 것이 무엇이겠는가? 예수의 사랑밖에 무엇이 있겠는가? 복음의 처방밖에는 없다. 그런 의미에서 대만 청소년 선교의 사명이 얼마나 큰가를 다시 한 번 느껴 본다.

"청소년들이여, 힘을 내라! 예수의 사랑을 받으며 큰 비전을 가져라! 예수의 특공대가 되어 마귀를 물리치고, 전 세계에 복음을 전하는 자가 되라!"

북경대학 ○교수의 변화

1999년 4월 30일, 북경으로 가는 비행기를 탔다. 안식년 휴가를 3개월 얻어 중국으로 언어 교육을 받으러 가는 것이었다. 아무래도 중국 선교를 하려면 중국어를 해야겠다고 생각했다. 대만의 원주민 청소년들에게 방학을 이용하여 부흥회, 수련회를 인도하는데 중국어를 잘하면 얼마나 좋겠는가? 그리고 유창하게는 못 한다고 할지라도 중국어를 하는 흉내라도 내야 중국 사람들이 좋아하지 않겠는가? 나는 미국 선교사들이 우리말로 말하는 것이 비록 더듬거리기는 해도 보기에 좋고 친근감이 느껴졌다. 그래서 나도 중국어 흉내라도 내야겠다는 생각에 중국어를 배우러 중국 본토로 가자는 마음으로 북경에 가는 것이었다.

고작 3개월 동안 중국어를 배우면 얼마나 배우겠는가? 그러나 기초라도 해서 어려운 성조라도 익혀 보겠다는 생각으로 북경행 비행기를 탄 것이다. 모든 것을 긍정적으로만 생각했다. 나이 59세에 중국어를 배운다고 중국으로 가는 것이 쉬운 일은 아니다. 그러나 나는 내 나이가 몇인지 의식이 없이 언제나 대학생 나이인 것처럼 착각을 하며 살고 있다. 그러기에 용단을 내려 중국으로 가게 된 것이다. 김포공항을 출발할 때 배웅을 나온 큰 아들이 나에게 한 말을 되새겨본다.

"아버지는 존경스럽습니다. 그 나이에 관광을 가시는 것도 아니고 중국 선교를 위하여 중국어를 배우러 연수 가신다니 참으로 존경스럽습니다."

나는 언어를 배우러 가는 것이기 때문에 언어 훈련에만 열중할 것이라 생각하고 주일에 어느 교회에서도 설교는 하지 않을 것이라 마음먹고 갔다. 그래서 성경책만 가지고 갔지 설교 원고는 하나도 가지고 가지 않았다. 북경에 있는 선교사의 안내를 받아 언어 학원 앞에 있는 지구촌 학원에 등록을 했다. 벌써 초급 과정 교재 40과 중에 7과를 하고 있었다. 인도 사람, 태국 사람, 한국 사람들이 우리 반에 있었다. 나이는 20대가 몇 명, 30대가 몇 명, 40대 주부가 몇 명, 50대 초반 한국 남자 한 사람이 있을 뿐 60이 가까운 사람은 나 하나였다. 그러나 뒤떨어지지 않으려고 열심히 노력했다.

월요일에서 금요일까지, 오전 8시부터 10시까지 공부를 했다. 그리고 가정교사를 두고 오후 2시부터 5시까지 공부를 했다. 가정교사가 나에게 선교를 목적으로 중국어를 배우려면 성경을 알아야 한다며, 요한복음을 몇 절씩 공부하고 매일 요한복음 5절씩 암송하라는 숙제를 내주어 밤늦게까지 성경을 외느라고 참 고생 많이 했다. 성조대로 혀가 잘 돌아가지도 않는데 중국어로 5절씩이나 암기한다는 것은 나에게 결코 쉬운 일은 아니었다. 그러나 잠을 덜 자더라도 열심히 암송을 했다. 침상에서 뒹굴면서도 암송하고, 다음날 아침 어원학원(외국어대학교) 운동장을 도보로 돌면서도 계속 암송을 했다. 그 다음 날 공부 시간에 테스트를 받았다. 창밖을 내다보며 더듬거리며 암송하는 나의 모습이 딱해 보였던지 나중에는 4절만 암송하라고 하고, 나중에 긴 절수는 3절만 암송하라고 인심을 썼다. 성구를 암송한다는 것이 나에게는 큰 부담이 되었으나 성구 암송을 통하여 성조 공부가 잘 되었고, 짧은 문장이 머리에 입력되는 효과가 있음을 나중에서야 깨달았다. 그래서 나는 선생을 잘 만났다고 생각했다. 섭씨 40도를 오르내리는 더운 여름날에 하루 종일 공부하는 것이 쉽지는 않았다. 그러나 중국 선교를 위하여서는 어쩔 수 없는 일이 아닌가? 하나님은 나를 호되게 훈련시키셨다.

주일이 되어서 선교사를 따라 중국 지도자들이 모여 훈련받고 예배드리는 곳에 갔다. 처음이라 설교를 해 달라고 하여 출발 때 나의 마음먹은 것을 이야기했더니 "오늘만 하시고 다음 주일부터는 마음대로 하세요."라고 하기에 그날은 내가 설교를 준비하여 했다. 그리고 그 다음 주일은 한국인들이 모이는 교회에 가서 예배를 드렸다. 내 마음으로는 주일마다 이곳저곳 중국인 교회를 돌아보고 싶었다. 북경에서 제일 신자가 많이 모이는 21세기한국인교회에도 가 보고 싶었다. 그런데 하나님은 그것을 그대로 용납하지 않으셨다.

그 다음 주일에도 중국인 지도자들이 모이는 예배에 참석하여 설교를 해 달라는 선교사의 간곡한 부탁이 있어서 이번 한 번만 더 하자 생각을 하고 그 주일도 설교를 했다. 주일 예배도 남모르게 드리는 것이기에 창고 같은 것을 빌려서 예배를 드리는데, 문은 다 닫고 창문도 가리고 백열등 하나 켜 놓고 예배를 드리니 얼마나 더운지 모르겠다. 땀이 줄줄 흘렀다. 그러나 예배드리는 태도는 아주 진지했다. 예배 시간에 은혜가 충만했다.

그들은 예배를 드린 후에 점심 식사를 함께 하고 그 후에는 두 그룹으로 나누어 원형으로 둘러앉아 한 사람씩 돌아가며 한 주간 동안 있었던 일들을 나누고 기도 제목을 한 가지씩 말하여 함께 중보 기도하는 시간을 가졌다. 그런데 그곳에 북경대학의 ㅇ교수가 참석했다. 돌아가면서 말을 하는 중에 그 북경대학의 ㅇ교수 차례가 되었다. 그가 무슨 말을 하는지 발표를 하니까 모든 지도자들이 나를 쳐다보면서 웃기도 하고 머리를 끄덕이기도 했다. 나는 무슨 영문인지 잘 알아듣지를 못해서 옆에 있는 조선족 지도자에게 물어보았다. "ㅇ교수가 하는 말이 무슨 말입니까?" 그때 그가 하는 말이 나에게 큰 자극을 주었다.

ㅇ교수가 하는 말이 참 이상하고 신기하다는 것이다. 자기는 신앙생활을 시작한 지 얼마 되지 않아서 신앙생활에 의문점이 많다는 것

이었다. 그런데 그날도 신앙생활에 의문점을 가지고 왔는데 "오늘 구 목사님이 나의 의문점 가진 그것을 말씀으로 풀어 주었습니다." 하는 것이었다. 자기의 마음을 표현한 적도 없는데 어떻게 목사님이 아시고 그 의문점을 말씀으로 풀어 주시는지 너무 신기하다는 것이었다.

그 다음 주일에도 선교사는 나에게 본격적으로 부탁을 했다. "목사님! 이곳에 있는 동안 계속 말씀을 전해 주세요! 한국 목사님들이 많이 오시지만 주일날까지 계시는 분이 별로 없습니다. 그래서 말씀을 들을 만한 기회가 적습니다. 그런데 목사님은 몇 달 동안 이곳에 계시니까 부흥회를 하시는 셈 치고 계속 말씀을 전해 주세요! 지도자들이 너무 많은 은혜를 받고 좋아합니다."

나는 숙소에 와서 묵상하는 시간을 가졌다. 순간 나에게 이런 깨달음이 왔다. 내가 이곳에 올 때는 언어를 배우러 왔다. 그래서 주일에 설교는 하지 않겠다고 마음먹고 왔다. 그러나 그것은 내 생각일 뿐이다. 하나님의 생각은 달랐다. 주일의 설교 시간에 북경대 ㅇ교수가 은혜를 받아 그의 신앙이 정립이 된다면 이것은 틀림없는 주의 뜻이 있는 것이다. 나는 더 이상 나의 고집을 내세울 수가 없었다. 중국어를 배우려는 것도 중국 선교를 위한 것이고, 중국에 와서 3개월 동안 있는 것도 중국 선교를 위한 것이 아닌가? 그렇다면 유능한 엘리트 한 사람이 변화하여 주의 일꾼이 된다면 이것 이상 바람직한 것이 어디 있겠는가? 중국의 복음화를 위해서는 많은 엘리트들이 복음으로 변화가 되어 주의 일꾼이 되어야 한다는 생각이 있었기에 그를 위해서라도 설교를 해야겠다는 생각으로 굳혀지는 것이었다.

내가 지도자반에서 주일마다 설교를 하는 것이 주의 뜻으로 느껴졌다. 북경대의 ○교수를 위해서도 하나님이 나를 세우시는 것이 확실했다. 그래서 나는 선교사의 요청에 순순히 응하여 매주일 설교를 했다. 매주 토요일에는 간절히 기도하면서 설교 원고를 새롭게 작성하여 주일날 예배드리러 가는 도중에 차 안에서 20분 동안 통역하는 조선족 지도자에게 설교 원고를 보여 주었다.

그리고 주일마다 설교를 했는데 계속 신기한 일이 일어났다. 북경대학의 ○교수는 예배 후 중보 기도 시간에는 번번이 하는 말이 이상하게도 목사님은 자기가 의문점을 가지고 오는 것에 대하여 꼭 말씀을 하신다는 것이다. 한번은 여리고성 점령 내용을 가지고 5가지 대지를 나누어서 설교를 했다. 그런데 그는 그날 의문점 5개를 가지고 왔는데 바로 그 의문점에 대한 해답을 말씀해 주셨다는 것이었다. 그러면서 그는 너무 신기하다고 말을 했다. 그 말을 들으니 하나님이 하시는 역사가 이토록 치밀하고 정확한가를 다시 한 번 확인하게 되어 눈물이 날 정도로 하나님의 은혜가 감사했다. 진정 '할렐루야!' 였다.

그 교수는 역력히 변화되어 가는 모습이 보였다. 어느 한 주일은 예배 시간에 그가 오지를 않았다. 다음 주일에 와서 하는 말이 어느 곳에 감사를 갔는데 감사를 가면 대접을 잘 받는다고 한다. 으레 저녁 식사를 하고 나면 예쁜 아가씨들이 있는 술집으로 간다고 한다. 그래서 그는 그런 곳에 가지 않으려고 자기가 나서서 볼링을 치러 가자고 선동하여 볼링장으로 모두 데리고 가게 되었다고 간증을 했다. 그리고 그는 담대하게 크리스천이 되었다고 친구들에게 말을 한다고 했다. 그 교수는 대단한 사람이었다. 문화혁명 때도 앞장섰던 사람이고, 학교에서도 학생들에게 인기가 제일 많아서 그 교수의 수강 신청자가 많다고 했다. 보통 사람이 아니었다. 분명한 것은 중국 복음화를 위하여 하나님은 그 교수를 지명해 두신 것이었다. 그 교수는 옆에 있는 친구들이 "네가 예수를 믿는다면 내 손에 장을 지져라."(한국식의 표현을 잠깐 빌렸음)고 말했던 사람이었다. 그런데 그가 예수 믿고 변화되고 있는 것이었다. 나중에는 그의 생활의 변화, 인격의 변화를 바라보면서 "나도 네가 나가는 교회에 가서 예수를 믿으면 좋겠다."고 말을 한다고 하니 얼마나 감사한 일인가? 할렐루야!

그 엘리트 교수를 변화시켜 좋은 일꾼 삼으시는 데 언어 교육을 하러 간 나를 사용하시는 하나님의 깊은 뜻을 발견한 나는 진정 하나님께 감사와 찬송과 영광을 돌렸다. 나를 북경으로 보내신 하나님…. '이렇게 깊은 뜻'이 숨어 있었다.

나는 원래 언어 연수를 대만으로 가려고 생각했었다. 대만에 있는 선교사 한 분이 타이페이에 있는 문화대학교에서 공부할 수 있도록 모든 자료를 보내 왔었다. 대만으로 가려고 마음먹었었는데 갑자기 중국어를 배우려면 중국 본토로 가는 것이 좋겠다는 생각이 나중에 들어서 북경으로 핸들을 틀었던 것이었다. 모든 것이 우연은 아니었다. 어쩌면 ㅇ교수를 위하여 나를 북경으로 보내셨는지도 모른다. 사람이 계획하고 생각해도 모든 것을 결정하고 인도하시는 분은 하나님이 아니신가?

3개월간의 공부를 마치고 귀국할 때 중국인 지도자들과 함께 송별 예배를 드렸다. 그리고 저마다 한 마디씩 자신의 소감을 써서 작은 팸플릿으로 만들어 나에게 주었는데, 그곳에 그 교수가 기록한 것을 보면 "나에게 인생관과 세계관을 확립시켜 주신 목사님"이라고 썼다. 나는 오늘도 그가 기뻐하면서 나에게 했던 말을 생각하며 미소 짓는다. 참으로 멋있는 진리의 말이요, 그의 앞날이 기대가 되는 명언이었다.

"목사님! 기독교는 종교가 아니고 진리입니다."

그 ○교수는 기독교와 다른 종교와 공산주의 사상을 비교하여 기독교가 참진리의 종교인 것을 책으로 쓰겠다는 그의 꿈을 말했다. 나는 그가 중국 복음화에 크게 기여할 것으로 확신한다. 그를 위하여 기도하면서 중국의 엘리트들이 많이 변화되어 주님의 일꾼이 될 것을 간절히 기도해 본다. 정말 중국은 세계 선교의 차원에서 매력이 있는 곳이다. ○교수에게 한마디 하고 싶다.

"○교수님! 힘내세요! 자요(加油)!" "○교수님! 파이팅!"

중국 교회 헌당 예배에 이렇게 깊은 뜻이

중국 ○○교회의 사역자 ○자매를 만나 그 교회의 눈물겨운 이야기를 들었다. 성령이 충만한 ○자매는 신자가 늘어나 교회가 좁아 기도 중에 예배당을 크게 지어야 하겠다고 결정을 하고 빚을 얻어 예배당을 크게 지었다. 그러나 역부족이었다. 온 교우가 금식을 하며 정성껏 헌금을 했으나 가난한 사람들이라 큰 돈이 모아지지 않았다. 그래서 건축 기금을 위하여 혼신의 힘을 기울여 기도 중에 있다면서 도움을 요청했다. 그리고 그 교회에서 사역자들을 훈련시켜 내몽고로 파송하려고 준비 중에 있는데 현재 70여 명의 사역자들이 훈련을 받고 있다는 것이었다. 그 사역자들은 내몽고에 가서 사역을 하게 되는데, 먹는 문제만 해결해 주면 그들은 당장이라도 달려간다는 것이었다. 그러면서 우선 15명을 파송하려고 하는데 그것을 지원해 주면 좋겠다고 애원을 했다.

나는 그녀의 간증을 들으며 중국 전역에 영향을 미칠 그 교회를 도와주는 것이 하나님의 뜻으로 느껴졌다. 그래서 그 교회를 가 보고 결정을 내리기로 했다. 그 사역자는 교회로 가는 버스 속에서 계속 간증 삼아 그 동안의 애로점을 말하며 나에게 큰 기대를 갖는 것 같았다. 그 사역자의 말을 들어 보니 그는 한 마디로 '성령의 불덩어리'였다. 여자의 몸으로 대단한 역사를 하고 있었다. 내가 그 교회를 방문하기 전에 이미 선교국장에게 어느 정도 그 교회의 사정을 들었고, 선교사를 통해서도 들어 그 교회 이야기가 생소하지는 않았다.

그 교회는 2,000만 원만 지원해 주면 된다고 들었었다. 그런데 막상 그 교회 지도자에게 들으니 성전 건축비로 3,000만 원이 필요하다는 것이었다. 2,000만 원 같으면 걱정이 되지 않았다. 우리 교회에서 이미 2,000만 원은 준비되어 있었기 때문이었다. 그런데 3,000만 원은 이야기가 달라진다. 그래서 그 사역자에게 나도 기도할 테니 계속 하나님께 기도하라고 했다. 하나님은 기도에 반드시 응답해 주실 것이라는 말로 결론을 내렸다.

그 교회에 가 보니 크게 지었는데 아직 완공은 되지 않았지만 신자들은 많이 모여 열정적으로 예배를 드렸다. 나는 그 자매에게 확답은 하지 않았으나 내 마음은 3,000만 원을 지원하기로 작정을 내렸다. 왜냐 하면 그 교회를 지원하는 것이 하나님의 뜻으로 느껴졌기 때문이었다. 열심 있고 성실한 사역자는 도와야 한다는 것이 평소 나의 지론이었다.

귀국 후에 당회를 열어 하나님의 뜻이니 빚을 내서라도 지원하자고 했고, 당회원들도 쾌히 응하여 2,000만 원 있는 것과 1,000만 원을 차용하여 3,000만 원을 건축비로 보냈다. 그래서 성전을 아름답게 지어 헌당할 수 있게 했다. 그리고 내몽고 사역자 15명 파송도 우리 교회 빌립보선교회에서 7명을 맡기로 하고, 아주선교회를 통하여 지원하게 했다.

1999년 7월 그 교회의 헌당예배를 드리기 위하여 우리 교회 성도들과 함께 중국에 갔다. 그 교회는 성전을 봉헌하는 것이 너무 기뻐서 사흘 동안 축제를 하며 행사를 진행하도록 계획을 했다. 월요일에 헌당 예배를 드리고 화요일, 수요일에는 특별 순서를 갖기로 한 것이었다. 그런데 김포공항에서 심양으로 가는 비행기가 월요일에 없어서 우리는 화요일에 출발을 했다. 중국에 처음 가는 우리 성도들은 한껏 마음이 부풀어 있었다. 심양에 도착하니 도시의 모습이 특별하게 중국적이지는 않지만 중국 사람들의 특이한 말소리가 대단한 호기심을 갖게 했다.

우리가 가는 목적지는 심양에서 내려서도 버스로 5시간 정도는 가야 하는 거리인데 다른 한 곳을 들렀다가 그 교회로 가게 되었다. 그런데 도로 공사 때문에 다른 도로로 돌아가다 보니 예정 시간보다 늦게 저녁 6시경에 그 교회에 도착하게 되었다. 이미 날을 저물어 캄캄해졌다.

우리가 탄 버스가 도착하자 예배당 안에서는 찬송 소리가 우렁차게 들리고 밖에는 우리를 영접하려고 많은 신자들이 나와서 두 줄로서 있었다. 버스에서 내려 교회로 들어가는 우리들을 천사를 맞이하듯 맞아주었다. 우리 일행 모두를 손 한 번이라도 더 잡아 보려고 손을 내밀며 극진한 환영을 해 주었다. 진정 그들의 눈에는 우리를 향한 고마움이 가득 찬 것 같았다. 나라는 달라도 똑같은 하나님의 자녀들이라 전혀 어색함이 없었다. 열렬한 환영을 받는 우리 교회 성도들은 벌써 많이 흥분해 있었다.

교회에 들어서니 800명 정도는 되어 보이는 성도들이 힘차게 찬송을 부르고 있었다. 성령이 충만한 분위기에 우리도 압도되어 더욱 흥분하기 시작했다. 우리 교회 성도들은 중국 교회를 건축해 준 것에 대한 뿌듯한 마음과 보람을 느끼는 듯했다. 은혜로운 시간이었다.

그런데 그 동안에도 우리가 알지 못하는 하나님의 자상하신 역사가 진행되고 있음을 그 교회 사역자를 통하여 전해 듣고 또 한 번 하나님의 깊은 섭리와 역사에 감사와 찬송과 영광을 돌렸다. 그 교회에서 사흘 동안 축제를 한다고 하니까 공안원들이 무슨 일이 있을 것이라고 감을 잡고는 감시원을 그 교회에 파송한 것이었다. 중국 공산당에서는 남의 나라의 도움을 받아 선교 활동을 하는 것을 금하고 있어서 타국의 목사가 중국 강단에서 설교를 해도 안 되고, 선교비를 지원해 주는 것도 철저하게 금하고 있다. 그래서 그들은 ○○ 교회 행사도 분명 한국 교회와의 어떤 연계성이 있을 것이라고 판단을 하고 감시원을 파송한 것이었다. 그래서 성전 봉헌 예배도 우리만 봉헌 예배로 알고 드리는 것이지 표현도 못 하고 그냥 어떤 종교 행사를 하는 것처럼 위장하여 예배를 드리게 된 것이었다.

그러므로 만약에 우리가 월요일에 가서 헌당 예배를 주도했다면 우리 모두는 공안원에게 붙잡혀 갈 수밖에 없었다. 무엇인가 낌새를 알아차린 공안원들은 그 교회에 월요일부터 침투하여 철저하게 감시를 하고 있었다. 월요일에는 아무런 일이 없이 그들 자체로 행사하는 것을 확인했다. 그러나 사흘 동안 행사를 하는 것을 보니 무엇인가 꿍꿍이속이 있을 것이라고 판단을 하고는 화요일에도 철저한 감시를 했다. 그렇지만 화요일에도 외부 사람의 참여가 없고 그들 나름대로 행사를 진행하는 것을 보고 그들은 '특별한 문제가 없구나.' 판단을 하고 화요일 오후 5시 30분쯤 철수한 것이었다. 그러니까 우리가 그 교회에 도착하기 30분 전에 그들은 감시를 중단하고 돌아간 것이었다. 할렐루야!

만약에 우리 교회 성도들과 내가 그 공안원들에게 붙잡혀 감옥에 갇힌다면 어떻게 되겠는가?

생각만 해도 끔찍한 일이었다. 참으로 하나님의 역사하심은 놀랍고도 신기하다. 하나님의 계획표는 틀림이 없고 100만 분의 1의 오차도 없다. 헌당 예배를 화요일에 드리도록 화요일에 출발하게 하신 하나님, 화요일에도 공안원들이 바로 돌아가지 않으니까 공안원들이 돌아갈 때까지 늦추시기 위하여 도로 공사를 하게 하여 먼 길로 돌아가게 하신 하나님의 역사, 우리를 보호하시려고 역사하시는 하나님의 깊은 뜻이 담겨 있음을 재삼 확인하면서 무슨 말을 할 수 있겠는가? "이렇게 깊은 뜻이…."

창공을 향하여 소리 높여 큰 소리로 외치고 싶다!

"할렐루야! 아멘!"

"깐시에 주 예수! 짠메이 주 예수! 롱야오 주 예수!"(예수께 감사! 예수께 찬양! 예수께 영광!)

중국어 설교 30분의 역사

2000년 2월 14일부터 16일까지 대만 화련에 있는 남창교회(南昌教會)에서 청소년수련회가 열리게 되었다. 대만 성결교회 동대교구 원주민 청소년 연합 수련회였다. 그곳 교구장(지방회장)의 요청에 의하여 우리 아주선교회에서 인도하게 되었다. 이왕 참석하는 길에 장년 집회도 인도해 달라고 하여 두 가지 집회를 인도하기 위하여 아주선교회에서 구장회 목사, 오천근 목사, 임형재 목사, 이기수 목사, 임준선 목사, 추용환 목사가 강사로 선정되었다.

그런데 출발부터 어려움이 시작되었다. 집회는 약속되어 있고 날짜는 다가왔는데 대만에 가는 비행기표가 없다는 것이다. 참으로 낭패였다. 그러나 하나님의 역사가 중단될 수 없음을 알고 기도했다. 가까스로 표를 구했는데 두 사람은 주일 저녁에 출발하는 비행기를 탔고, 네 사람은 비싼 비즈니스 표를 구입하여 갔다. 출발부터 어려움이 있는 것을 보니 이번 집회에 하나님의 크신 역사가 있을 것으로 기대가 되었다.

장년 집회는 저녁만 사흘 동안 진행되기에 임형재 목사가 전적으로 맡기로 했고, 청소년 집회는 5명의 목사가 교대로 맡기로 했다. 이번 집회의 통역으로 청소년 집회는 김윤희 선교사가 맡고, 장년 집회는 박복귀 선교사(김 선교사 사모)가 맡기로 했다. 그런데 문제가 화요일에 발생했다. 화요일 저녁 청소년 부흥회는 내가 인도하도록 시간표가 짜여 있었다.

김 선교사가 어떤 전화를 받더니 난색을 표한다. 내용인즉슨 장년 집회 통역을 맡은 박복귀 선교사가 한국에 일이 있어 잠시 갔다가 비행기표가 없어서 들어올 수 없다는 이야기였다. 월요일 저녁에도 청소년 집회에 가야 할 김 선교사가 장년 집회 통역을 하러 갔고, 청소년 수련회는 월요일 저녁은 축제라 설교가 없어서 통역이 없어도 괜찮았다. 그러나 화요일에는 사정이 달랐다. 어떻게 할 것인가? 화요일 오후에 와서 저녁 집회 통역을 할 사람이 비행기가 없어서 올 수 없다는 전화였다. 방법은 하나가 있었다. 대만에 미국에서 파송된 한국인 선교사가 또 한 사람 있어 그 선교사에게 통역을 부탁하기로 한 것이다. 그런데 그 선교사에게 전화 연결이 되지 않았다. 부재중인 모양이었다. 저녁 식사 시간까지 연결이 되지 않아서 낭패에 빠졌다. 김 선교사는 얼굴이 사색이 되었다.

우리 일행은 선교사가 하는 처사에 불쾌감이 들었다. 중요한 집회를 열어 놓은 선교사가 왜 하필이면 이런 때 한국을 가느냐 하는 것이었다. 갑자기 하는 집회도 아닌데 이렇게 펑크를 내게 되었으니 너무 성의가 없는 듯 보였고, 하는 일이 마음에 들지 않았다. 그래서 우리는 선교사의 처사에 대하여 불평조의 말을 우리끼리 했었다.

얼굴이 굳어진 김 선교사는 어떻게 하면 좋겠느냐고 물어 왔다. 나는 다른 방법이 없으니 청소년 집회와 장년 집회를 통합하자고 제의했다. 그러나 김 선교사는 그렇게 할 시간적인 여유도 없고, 그렇게 할 성질의 것도 아니라고 했다. 발을 동동 구르며 저녁 식사 시간이 되었다. 식당에서 대만 원주민 교역자들과 함께 식사를 했다. 다른 사람들은 맛있게 음식을 먹었으나 김 선교사는 저녁 먹는 것이 문제가 아니었다. 어찌할 바를 몰라 하던 김 선교사는 나에게 이런 제의를 했다.

"나는 장년 집회 통역을 할 테니 구 목사님은 청소년 집회에 가서서 직접 중국어로 설교하세요!"

김 선교사의 말은 그야말로 웃기는 말이었다. 그러나 그가 나를 웃기려고 하는 말은 아니었다. 뾰족한 수가 없지 않은가? 집회 시간은 다가오고 통역자는 없으니 내가 중국어로 설교한다는 것은 불가능한 줄 알면서도 그런 제안을 한 것이었다.

나는 1999년 4월 말에 북경에 가서 두 달 20일 동안 중국어학원에 가서 기초 과정을 공부했었다. 그러나 겨우 간단한 인사 정도 하는 실력으로 설교할 수 없는 것이다. 김 선교사가 나에게 중국어로 직접 설교하라는 말은 어쩔 수 없이 한 말이지만 사태는 그렇게 진행되어 가고 있는 듯했다. 6명의 목사 중에는 그래도 중국어를 한 마디라도 할 수 있는 사람은 나 밖에는 없기 때문에 별 도리가 없었다. 그러자 증경총회장인 인리교회(仁里教會) 담임 목사 증(曾) 목사가 나에게 이런 말을 했다.

"구 목사님은 오늘 밤 통역이 없습니다." 그러자 내 입에서 내 생각과는 상관이 없는 이런 말이 툭 튀어나왔다.

"但是聖靈傍助我們"(딴스 성령 방주 워먼 : 그러나 성령께서 우리를 도우십니다.) 참으로 이상한 일이었다. 성령께서 말하게 하신 것이었다.

식사가 거의 끝나갈 무렵 순간 내 마음이 뜨거워지면서 눈시울이 축축해졌다. 두 주먹으로 미간을 받친 채 식탁 위에 두 팔꿈치를 붙이고 묵상하듯 있는 나에게 이런 생각이 문득 떠올랐다.

'하나님이 나를 어떻게 쓰시려고 이렇게 궁지로 몰아넣으시는가?'

예배 시간이 되어 식당 문을 나섰다. 누가 시키기나 한 것처럼 자연스럽게 김 선교사는 임형재 목사, 오천근 목사, 이기수 목사와 함께 장년 집회가 열리는 인리교회로 가고, 나는 아무 대책 없이 추용환 목사, 임준선 목사와 함께 남창교회 사역자의 남편의 안내를 받으며 청소년 집회가 열리는 남창교회로 갔다.

"주여! 우리를 도우시옵소서!"

교회에 도착하니 청소년들이 열심히 찬송을 부르고 있었다. 나는 그 교회의 사역자인 진(陳) 전도사(자매)에게 "오늘 밤은 통역자가 없으니 당신이 설교를 하세요." 라고 부탁했다. 그러자 그는 설교 준비를 하지 않아서 못하겠다는 것이다. 나는 그에게 설교를 하라고 하고, 그는 나에게 설교를 하라고 하고, 가운데 통로 뒤쪽에서 서로 똑같은 말을 반복하며 옥신각신하고 있었다.

그때 성령께서 나를 강단으로 올라가라고 옷자락을 잡아끄시듯 강하게 이끄셨다. 나는 진 전도사에게 하던 말도 끝맺지도 못한 채 옷자락을 잡아 끄는 듯한 성령에 이끌리어 강단 위로 당당히 올라갔다. 강단 의자에 앉아서 간단한 기도 한 마디를 했다.

"주여! 이렇게 몰아넣으셨으니 이 시간 중국 방언의 은사를 허락하여 주시옵소서!"

그날 따라 사회를 보는 진 전도사가 설교 전의 복잡한 순서를 생략하고 "이제 한국에서 오신 구 목사님께서 설교를 하시겠습니다."라고 소개를 하여 나는 설교 단상에 올라섰다. 모두들 신기하듯 나를 쳐다보고 있었다. 그런데 이게 웬일인가! 이상한 현상이 나타나는 것이 아닌가? 벌벌 떨어야 할 나의 마음은 평안했고, 어떤 마음의 여유까지 생기는 것이 아닌가! 할렐루야!

나는 설교를 시작했다. 설교 원고는 덮어 두고 그날 본문은 그대로 모두와 함께 읽었다.

"또 가라사대 너희는 온 천하에 다니며 만민에게 복음을 전파하라 (他又對他們說, 你們往普天下去, 傳福音給万民聽)"(막 16:15).

이 성구는 내가 외우고 있던 것이기 때문에 어려움 없이 함께 읽었다. 그리고 말씀을 전하기 전에 저녁 식사 시간에 있었던 일을 간단히 말했다. "중경총회장 중 목사님이 나에게 오늘밤 청소년 집회에는 통역자가 없다고 해서 나는 '그러나 성령이 도우신다.' 고 대답했다.”고 했다. 그러니까 성도들이 큰소리로 “아멘!”을 하는 것이 아닌가? 그들이 나의 말을 알아들으니까 ‘아멘’을 하는 것이라 생각하니 순간 용기가 솟아났다. 그래서 나는 또 말하기를 “내 생각에는 오늘 저의 설교 말씀의 내용 90%는 여러분이 알아듣지 못하고 10%만 알아들을 것 같습니다. 그러나 성령께서 도우실 것입니다.”라고 말했더니 또 모두 큰 소리로 “아멘!”으로 화답을 했다.

신자들의 반응에 용기를 얻은 나는 성령께서 말하게 하심을 따라서 자신 있게 설교를 했다.

나는 국내에서 부흥회를 인도하듯이 마이크를 빼 들고는 신바람 나게 설교를 했다. 내가 지내 온 과거의 역사를 간단히 설명하고, 3대 목사가 되기까지의 간단한 역사, 신장병으로 죽을 사람이 하나님의 치유하심으로 지금까지 살아서 복음을 전하고 있다는 이야기를 했다. 세계 복음화의 차원에서 중국 선교를 하고 싶어서 몇 년 동안은 대만에서 청소년들에게 복음을 전했고 이제는 중국 선교를 시작했는데, 중국어를 하고 싶어서 작년에 북경에 가서 3개월간 중국어를 배웠다는 이야기를 하자, 사회를 보던 진 전도사가 뒤에서 “어!” 하며 깜짝 놀라는 소리를 해서 뒤를 돌아다보았다. 진 전도사의 놀람은, 3개월 중국어를 배운 사람이 어떻게 이렇게 중국어로 설교를 하느냐 하는 의미의 감탄이었다.

나는 중간중간 나의 말을 알아듣겠느냐고 물었다. “워 슈어더 니 먼 팅동마?” 그때마다 그들은 “팅동!” 하며 알아듣는다고 대답을 했다. 참으로 신기했다. 그들의 “아멘!” 소리에 나는 더욱 흥분하여 신바람이 났다. 나는 마이크를 잡고 강단을 이탈하여 왔다 갔다 하면서 신들린 사람처럼 설교를 신나게 했다.

내가 중국어를 배우고 싶어서 먼저 성구를 몇 절 암송하고 주기도문을 암송하느라고 쪽지에 적어서 들고 다니면서 차 타고 가다가도 암송하고 길을 걸으면서도 암송을 했다고 몸동작을 섞어 가면서 설명을 했다. 길을 가면서 주기도문을 암송하다가 잘 생각이 안 나면 호주머니에서 주기도문 적어 놓은 쪽지를 꺼내어 보고, 또 암송하고 또 생각이 안 나면 또 꺼내 보며 암송을 했다고 쪽지를 꺼내어 보는 몸동작을 하며 왔다 갔다 하면서 주기도문을 암송하니까 성도들이 하나둘 따라 하더니 나중에는 모두 함께 따라서 암송을 했다.

"워먼짜이 톈샹더후 웬런두준니더밍웨이성…(중략)…인웨이궈두 젠빙 롱야오젠스니더 즈다우영웬 아멘!" 나중 후반부에 가서는 쿵짝 리듬에 맞추어 두 박자로 암송을 했다. 주기도문을 다 암송하고 "아멘"을 하자 일제히 우레와 같은 박수가 터져 나왔다. 이러니 얼마나 신바람이 났겠는가? 내가 설교자인지, 아니면 코미디언인지 착각할 정도로 무대에서 연기를 하듯 열심히 신나게 설교를 했다. 참으로 신기한 일이었다. 서투른 나의 중국어 설교지만 그들의 표정은 나에게 빨려 들어오는 듯했다. 오직 성령의 역사였다.

계속해서 나는, 우리 모두 힘을 합하여 대만은 물론 중국 대륙 선교도 하고 세계 선교를 위하여 전진하자고 역설을 했다. 그리고 "좋으신 하나님" 복음성가를 감정을 잡아 가면서 중국어로 독창을 하고 기도를 했다. 기도 한 마디 한 마디가 끝날 때마다 "아멘!"이 터져 나왔다. 기도가 끝난 후 "예수님 찬양"을 중국어로 함께 힘차게 부르고 통성 기도를 시키고 함께 간 목사님들과 안수 기도를 해 주었다.

진정 성령 충만한 시간의 연속이었다. 나는 어떤 큰 전쟁에서 승리한 듯 흥분을 감출 수가 없었다. 예배 후에 진 전도사는 나에게 내가 30분간 설교했다고 일러 주었다.

청소년 집회가 다 끝나고 수요일 밤 동대교구(東台敎區) 원주민 교역자들과 함께 저녁 식사를 하며 청소년 집회의 소감을 물어 보았다. 그때 남창교회 진 전도사가 하는 말이, 화요일 밤 집회를 마치고 자기 교회 신자들이 모여서 간증을 했다고 한다. 그날 장년들도 함께 참석했는데 그들이 이구동성으로 하는 말이 "설교 시간에 이제까지 경험해 보지 못한 뜨거움을 느꼈다."고 간증했다고 한다. 그러면서 청소년 집회를 이끌어간 탕 전도사와 진 전도사는 성령의 강한 역사를 눈으로 확인했다고 감격해했다. 뜨거운 눈물이 솟아오른다. 성령께서 나를 울게 하셨다. 100% 성령의 역사로 미숙한 나의 혀를 주관하셔서 중국어 설교를 하게 하셨고, 듣는 대만 사람들의 귀를 열어 주셔서 미숙한 성조의 중국어를 알아듣게 하신 것이었다.

인간은 참으로 미련하다. 나에게 이런 큰 기적적인 역사를 이루시기 위하여 하나님은 미리 계획하신 것이 아닌가? 그렇다면 박복귀 선교사가 한국에 갔다가 비행기표가 없어서 대만에 돌아오지 못한 것도 결코 우연히 된 것이 아니지 않은가? 하나님의 계획 속에 들어 있었던 것이 아니었는가! 하나님께서 나에게 큰 역사를 이루게 하기 위해서였고, 놀라운 체험을 하여 더욱 하나님의 역사하심을 깨닫게 하기 위한 것이었는데, 이런 하나님의 깊은 뜻은 깨닫지 못하고 선교사의 처사가 잘못되었다고 불평을 하고 비난을 했으니 얼마나 미련한가? 오후에 선교사를 비난했던 말이 부끄럽기만 했다.

"주여, 미련한 이 종을 불쌍히 여기소서! 이렇게 주의 깊은 뜻을 몰랐습니다."

진정 생각하면 생각할수록 하나님의 자상하시고 깊은 역사에 놀랄 뿐이다.

"할렐루야!" 주님께 감사와 찬송과 영광을 돌릴 뿐이다.

이 감격스런 간증거리를 가지고 귀국 길에 오른 나는 비행기 안에서도 흥분이 가라앉지 않았다. 생각하면 할수록 가슴이 뛰었다. 나는 다음 주일 예배 시간에 간단히 이 간증을 했다. 여전히 간증하는 나의 마음은 뜨거웠다. 간증을 듣는 신자들의 3분의 1 정도는 눈물을 글썽거리며 함께 감격해했다. 이 간증을 듣고 유난히 눈물을 흘리는 전춘옥 집사가 눈에 띄었다. 그의 감격스런 눈물에는 깊은 의미가 담겨 있었다.

그 집사는 다리가 아파서 고생을 하시는 중에 담임 목사에게 기도를 받고 싶은데, 담임 목사는 대만에 청소년 집회를 인도하러 갔기 때문에 기도를 받을 수 없으니까 대전 극동방송국에 전화를 하여 기도를 받으려고 생각을 했다. 극동방송국에서 생방송으로 목사님이 기도 요청을 받고 중보 기도해 주는 프로가 있었다. 그런데 전 집사가 전화를 걸어 방송국에서 목사님이 전화를 받자 자기의 아픈 다리를 위하여 기도 요청을 하려고 한 것인데, 그 말은 하지 않고 "우리 목사님 대만에 가서 청소년 집회 인도하시는데 위하여 기도해 주세요!"라고 했다. 그때가 바로 화요일 오후였다. 그런데 그날 밤에 이런 놀라운 역사가 나타났다고 하니 그 집사는 자기의 기도가 응답되어 그날 밤에 역사가 일어났다고 믿어져서 더 감격해한 것이었다. 중보 기도의 위력을 다시 한 번 확인하는 순간이었다.

하나님의 치밀하신 역사는 정말 감탄할 뿐이다. 하나님의 뜻을 이루기 위하여 역사할 때 하나님의 도우시는 숨겨진 역사는 이토록 치밀하고 신비하기만 하다. 그리고 주님의 위대한 역사는 여러 사람의 힘이 합해져서 이루어지는 것이다. 나는 지금도 그날의 역사를 생각하면 가슴이 뜨거워지는 것을 느낀다.

3년 전에 대만의 아미족 원주민 목사인 이 목사의 설교를 번역된 원고를 보며 통역하고는 엘리야의 기도처럼 '손만한 구름'이 큰 비를 예보하듯이 직접 중국어로 설교할 날이 있을 것이라는 기도를 했었는데, 그 기도가 이루어진 것이라 생각하니 더욱 감격하여 하나님께 영광을 돌린다.

感謝主耶蘇(깐시에 주 예수)
讚美主耶蘇(짠메이 주 예수)
榮躍主耶蘇(롱야오 주 예수)
合利路亞!(할렐루야!)

선교의 꿈과 확실한 증거

선교가 주님의 지상 최대의 명령임을 부인할 사람은 아무도 없다.

"너희는 온 천하에 다니며 만민에게 복음을 전파하라"(막 16:15)는 주님의 말씀은 지금도 우리들에게 계속 살아서 역사하기 때문이다. 주님의 명령에는 그것을 감당할 보장이 동시에 주어진다. 우리가 주님의 선교 명령에 순종하여 선교를 하기는 하지만 사실은 하나님이 선교를 하시는 것이다. 우리가 무슨 재주로 사람의 영을 움직여 예수를 영접하게 하겠는가? 단지 우리는 주님의 명령에 순종하여 선교할 뿐이다. 그래서 선교학에서는 '하나님 선교'(Misso Dei)라는 말을 한다. 그래서 선교 명령에 순종하다 보면 하나님이 선교하시는 것을 수없이 많이 체험하게 된다. 아마도 선교 현장만큼 하나님을 느끼게 하며, 놀라운 기적을 체험할 곳도 드물 것 같다.

선교는 참으로 재미가 있다. 왜냐 하면 하나님의 능력의 역사를 구체적으로 체험하기 때문이다. 10년 전에 볼리비아의 김봉래 선교사의 선교 보고를 듣고 감동을 받아 한국과 정반대가 되는 제일 먼 땅, 땅을 파고 직선으로 뚫고 들어가면 나오는 땅 볼리비아에 협력 선교를 시작하였다. 볼리비아는 비행기로 30시간을 가야 하는 너무 먼 나라이기에 선교 협력자가 별로 없다는 말씀에 더욱 매력을 느껴 우리가 선교하기를 작정을 했다. 남이 안 하는 곳에 선교하는 것이 하나님이 기뻐하시는 것이 아니겠는가?

어느 날 김봉래 선교사가 귀국하여 우리 교회에 와서 설교하는 중에, 원주민 교회를 하나 꼭 세울 좋은 곳이 있다고 하며 200만 원이면 그 땅을 살 수 있다고 하였다. 당시 우리 교회는 재정 형편이 여유가 있는 때는 아니었지만 그 땅을 사서 교회를 세우는 것이 하나님의 뜻이요 기뻐하시는 것으로 감동이 왔다. 강대상 뒤 의자에 앉아서 설교를 듣던 나의 마음은 뜨거워지기 시작했다. 나는 성령의 감동을 받을 때는 마음이 뜨거워지는 것을 느끼는 때가 많다. 그래서 설교가 끝난 후 광고 시간에 나는 우리 교회가 그 땅을 사겠다고 공언을 했다.

그리고 그 후 그 땅을 사서 많은 건축비를 들여 예배당까지 잘 지어 봉헌하고 남미 교회의 특색인 찬양 사역을 위하여 드럼을 비롯한 악기 일체를 사 주었다. 그 교회가 볼리비아의 엘샤다이 교회이다. 지금은 약 200여 명이 모이는 교회로 성장하였고, 그 교회에서 몇 개의 기도처를 시작했다고 하니 참으로 감사한 일이며 하나님께 영광을 돌릴 뿐이다.

"이렇게 깊은 뜻이." 인간은 미련하기 짝이 없고, 하나님은 치밀하고 너무 정확하시다. 0.001초의 오차도 없으시다. 하나님이 얼마나 자상하신가? 하나님의 계획과 진행이 얼마나 치밀하고 정확하신가? 정말 선교 현장에서의 하나님의 역사는 너무 신기하고 놀랍고 재미있다. 할렐루야!

2001년 9월에 캘리포니아 신학대학원 동문들이 선교지 방문차 베트남을 가게 되었다. 나는 내심 베트남에 선교를 해야겠다는 감동이 있었던 차이기에 큰 기대를 가지고 베트남에 갔다. 월남전에서 우리나라 맹호부대, 청룡부대의 많은 장병들이 희생된 곳이기에 더욱 큰 관심을 가지고 베트남을 둘러보게 되었다. 베트남 국민들의 민족성도 유심히 관찰했고, 세계 선교의 관점에서 베트남을 연구하듯 살펴

보았다. 출퇴근 시간에 홍수처럼 도로를 꽉 메우고 밀려가는 오토바이를 보면서 입을 벌렸다. "야, 대단하다!" 그런데 하나 이상한 것은 오토바이마다 백미러가 없다는 것이다. 간혹 어쩌다가 볼 수 있는 백미러가 있는 오토바이도 운전자의 얼굴을 보기 위하여 중앙으로 집중하여 장치를 해 놓았다. 베트남 사람들은 뒤를 돌아보지 않고 앞만 바라보고 달려가는 민족성이 있다는 선교사의 설명을 듣고 어떤 매력을 느끼기도 했다. 진취적인 정신으로 복음을 전한다면 얼마나 좋겠는가? 세계 복음화의 차원에서도 베트남 선교는 꼭 해야겠다는 생각이 들었다.

과거 월남전에서 파월 장병으로 참전했던 분이 선교사로 사역하고 있었다. 그 선교사에 대하여 여러 통로를 통하여 들어 오기는 했지만 선교사를 직접 만나 보니 참으로 성실한 분이요, 베트남 선교에 열정이 대단한 분이었다. 성실하고 열정이 있는 분이라면 선교 협력자가 되어 주는 것이 하나님의 뜻이 아니겠는가? 베트남 선교를 생각하니 마음에 평안이 온다.

베트남 역시 내놓고 선교 활동을 할 수 있는 곳이 아니기에 대단한 지혜가 요구되는 곳이었다. 그러나 그 선교사는 하나님이 주시는 지혜로 선교 활동을 잘 하고 있었다. 주로 유치원 사역을 통하여 어린 아이들을 교육하고 자모들에게 인정을 받고 나중에는 정부까지 인정을 해 주어 표창까지 받기도 했다. 하나님이 선교 현장에서 본격적으로 역사하시는 것을 선교 현장에서 일하는 분들은 다 체험하고 있는 것이 아닌가?

나는 베트남 선교를 본격적으로 하는 것이 하나님의 뜻이라는 감동을 받았기에 선교사에게 선교 센터 겸 유치원 하나를 세우도록 기도해 보겠다고만 하고 여운을 남겼다. 결정적인 말은 하지 않았다. 그러나 나의 마음은 이미 결정이 되어 있었다. 왜냐 하면 하나님의 뜻이라는 감동이 왔기 때문이었다. 사이공에서 1시간 정도 떨어진 곳에 꼭 유치원을 세워야 하는데, 유치원 하나를 세우려면 경비가 2,000만 원이 든다는 자세한 이야기도 듣고 돌아왔다.

우리 교회 빌립보선교회에서 해외에 선교 센터, 교회를 세우기 위하여 1,200만 원을 예치해 두었기 때문에 800만 원만 더 있으면 가능한 것이다. 그러나 800만 원을 만드는 것도 쉬운 일은 아니었다. 나는 기도 중에 이런 마음이 생겼다. 2001년 12월 3일에 나는 회갑을 맞는다. 회갑연은 하고 싶지 않지만 회갑 기념으로 800만 원을 내가 헌금하여 베트남에 유치원을 세워야겠다는 생각이 들었다. 나의 생각이라기보다 하나님이 주시는 마음이라고 말해야 더 정확할 것이다. 귀국하여 이것을 위하여 계속 기도를 드렸다. 베트남에 선교 센터를 세우는 것이 하나님의 뜻이라면 기도로 이루어지는 것이 아니겠는가?

회갑일이 가까워 오자 교회에서는 회갑연을 해야 한다고 강력히 주장했다. 나는 회갑연을 하지 않겠다고 맞섰으나 결국 성도들의 요청에 의하여 회갑 감사 예배를 드리기로 하고 지방회 교역자, 장로님들과 가까운 가족들 정도만 모시기로 하고 일을 추진했다. 12월 3일이 생일이다. 주일 전에 아내가 회갑 기념으로 교회에 기념품을 해 놓자고 하면서 300만 원을 나에게 헌금하라고 주었다. 나는 회갑 예배나 드리고 다음 주일에 하면 되는데 왜 미리 드리느라고 그러느냐고 하면서 그 주일에 헌금을 하지 않았다. 300만 원을 드리기가 싫어서 그러는 것이 아니라, 나의 마음에는 800만 원을 들여 베트남에 선교 센터 유치원을 세우고 싶은 비전이 사라지지 않고 자꾸 떠오르기 때문이었다.

12월 3일, 회갑 감사 예배 드리는 날이었다. 일산뷔페집을 장소로 정했다. 그날 따라 눈이 얼마나 많이 내리는지 차 운행에 걱정이 될 정도였다. 그러나 많은 사람들이 예배에 참석했다. 눈이 너무 많이 내려서 멀리 서울에서 오신 분들에게 미안한 마음이 들어 걱정되는 인사를 드렸더니 "회갑의 주인공이 기쁘면 되는 것이지 손님에게는 좀 불편해도 괜찮다."고 하시며 오히려 눈 내리는 것을 축하의 의미로 표현을 해 주었다. 그래서 도리어 감사한 마음이 들었다.

그날 축의금은 교회에서 받지 않기로 결정을 했기에 교회의 의사를 하객들에게 전달을 했다. 어떤 분은 축의금을 가지고 왔다가 그대로 가지고 가신 분도 있고, 어떤 이들은 나가면서 내 주머니에 축의금 봉투를 푹 찔러 넣어 주고 가기도 했다. 그날 회갑 예배는 은혜롭고 즐겁게 잘 끝났다.

집에 돌아와 내 주머니에 찔러 넣어 준 축의금을 꺼냈다. 그러니까 아내에게도 주고 간 것이 있고, 부목사에게도 전해 주고 간 것도 있고, 안내하는 집사에게 주고 간 것도 있었다. 그래서 밤늦게 다 정리를 하며 계산을 했다. 나는 축의금 계산을 마치면서 또 한 번 하나님의 놀랍고도 깊은 뜻을 깨닫게 되어 눈시울이 뜨거워졌다.

축의금 액수가 800만 원이었다. 베트남에 선교 센터를 세우라는 하나님의 뜻이 아닌가? 내 마음속에 베트남에 선교 센터를 세우도록 비전을 주신 하나님! 회갑 기념으로 선교 센터를 세우고 싶은 마음을 가지고 있는 나의 마음을 아시는 하나님! 800만 원이 필요한 것을 아시는 하나님! 어쩌면 이렇게 정확히 800만 원을 허락해 주시는지, 마음이 뜨거워지며 눈시울이 적셔진다. 어쩌면 이럴 수가….

"하나님, 감사합니다! 하나님! 어쩌면 이렇게 정확하시며 이토록 저를 사랑하십니까?"

아내가 회갑 기념품을 위하여 헌금하라고 준 300만 원을 헌금하지 않고 한 주간을 미루도록 내 마음을 지체시키신 하나님, 베트남에 선교 센터인 유치원 건립이 꼭 필요하여 그 일을 진행하고 계신 하나님, 우리 내덕교회를 통하여 그 뜻을 이루기 위하여 나의 회갑 예배를 드리도록 이끌어 주신 하나님의 깊은 뜻을 다시 한 번 깨닫게 된 것이었다. 나는 무릎을 치며 주님을 바라보며 이렇게 외쳤다.

"선교 역사를 이루시는 하나님의 이렇게 깊은 뜻이 회갑 감사 예배에 담겨 있었군요!"

선교의 꿈을 우리에게 심어 주시는 하나님, 그리고 그것을 이루기 위하여 정확하고 확실한 증거를 보여 주시는 하나님, 그리고 선교의 비전을 꼭 이루시는 하나님, 진정 선교 현장은 은혜의 현장이요, 성령의 역사의 현장이다. 참으로 선교는 재미가 있다. 너무 재미가 있다. 할렐루야!

베트남 선교 센터 건축비 2,000만 원을 전달하기 위하여 선교국을 향하여 달려가는 나의 마음은 날아갈 듯 기뻤다. 운전대를 잡고 힘차게 찬송을 부르며 달렸다. 제한 속도를 넘으려는 유혹을 자제하면서 액셀러레이터를 밟았다. 나의 행진을 축하하듯이 하늘에는 헬리콥터가 떠서 빙빙 돌고 있다. 이렇게 기쁜 날이 계속되기를 바라면서 서울을 향하여 달렸다.

"온 세상 위하여 나 복음 전하리 만백성 모두 나와서 주 말씀 들어라!" (268장)

선교는 건강의 특효약

선교와 건강은 묘한 관계가 있다. 사람들은 건강에 관심이 가장 많다. 그래서 건강에 좋다고 하는 것은 무엇이든지 한다. 건강에 좋다는 기구는 비싸도 사고, 건강에 좋다면 무엇이든지 잡아먹는다. 사람은 건강해야 한다. 그러나 건강이 우리의 삶의 목적은 아니다. 어떤 사람은 별로 하는 일도 없으면서 자기의 건강에만 총력을 기울이는 사람도 있다.

내 주변에 있는 장로님 중에 한 분이 건강에 관심이 크신 분이 있다. 그분은 건강하려면 아침을 먹지 않아야 한다고 하시며 하루에 한 끼 먹는 것이 건강에 최고라고 하며 일본 사람이 쓴 책을 인용하면서 역설을 하시는 분이다. 그분은 어떤 모임에서도 침을 튀기면서 그것을 역설하신다. 나는 그분을 볼 때마다 생각하는 것이 있다. '저 장로님은 왜 사시나?'

그 장로님의 입에서 한 번도 예수님에 관한 이야기나, 신앙 이야기가 나온 적이 없다. 입만 열면 건강을 위해서 하루에 한 끼를 먹어야 한다고 역설을 하신다. 건강이 우리의 사는 목적이 결코 아니다. 우리의 사는 목적은 하나님의 영광을 나타내는 것이고, 하나님이 기뻐하시는 것은 세계 만민을 구원하는 선교이다.

그러므로 우리의 관심은 건강보다는 한 영혼이라도 더 구원해야 하겠다는 선교라야 한다. 선교를 열심히 하면 하나님이 다 아시고 건강해야겠다 여기시고 건강을 주신다. 나는 이것을 체험했기에 간증하고 싶은 것이 있다. 그래서 간증의 제목을 "선교는 건강의 특효약이다"라고 감히 말하고 싶다.

나는 다섯 살에 목사가 되겠다고 작정하고 목사가 되기까지 파란만장한 삶을 살아왔다. 다른 이야기는 생략하고…. 서울신학대학을 졸업하고 이틀 만에 군에 입대했다. 3월 2일 논산훈련소에 입소하여 훈련을 받는 중에 나의 신체에 이상이 생겼다. 소변 볼 때 소변 색깔이 붉은 것이었다. 나중에 훈련을 다 마치고 경기도 전곡에 있는 8사단 사령부 군종과에 근무하게 되었는데 그때 본격적으로 몸의 병이 악화되었다. 그해 겨울에는 소변을 보는 것이 아니라 소변이 거의 피였다. 피가 응고되어 나오기 때문에 보통 고통을 당하는 것이 아니었다[이 자세한 내용은 『나는 목사가 될래요』(진흥출판사 발행)를 참조하기로 하고 간단한 내용만 말을 하려고 한다].

나는 휴가를 얻어 서울로 가서 동부시립병원에서 진찰을 했다. 결과는 결핵성신장염이었다. 콩팥 두 개가 다 심하게 상해서 치료가 불가능하다는 것이었다. 그래서 다시 서울대학병원에서 정밀 진단을 또 받아 보았다. 그랬더니 역시 결과는 같았다. 그 당시는 치료가 불가능하여 죽는 수밖에 없다고 했다. 나는 다시 귀대를 하여 59후송병원, 3야전병원을 거쳐 대구제일육군병원으로 군용 비행기를 타고 후송을 갔다. 그때 담당 군의관은 송장 치를 환자가 하나 왔다고 말했다.

한 달 후에 회진하던 병원장은 나에게 사형 선고를 내리고 돌아갔다. "구장회 환자는 앞으로 일주일이면 죽겠다." 그 당시 나의 몰골은 말이 아니었다. 신장병 환자는 몸이 붓는데 나는 워낙 피를 많이 쏟기 때문에 바싹 말라서 해골만 남은 것처럼 보였다. 옆구리가 아파서 10미터도 걸을 수 없을 정도로 최악의 상태가 되었었다.

늦은 봄, 창밖에 펼쳐지는 광경이 내 마음을 사로잡았다. 봄 동산 작은 언덕 오솔길로 봄 처녀들이 몇 명 평화롭게 걸어가고 있었다. 언덕 너머에 있는 동네로 걸어가는 그들의 모습이 너무나 정겨웠다. 사랑의 봄바람이 불고 있고, 아름다운 여인들이 있는 평화의 동산으로 당장이라도 달려가고 싶은 심정이었다. 병실에 누워 있노라면 병원 바깥 세상이 무척 그리워졌다. 마음대로 봄 동산을 거니는 자유인들의 모습이 무척 부럽고 할 수만 있다면 달려 나가고 싶었다. 그러나 환자들에게는 바깥 세상의 자유는 없었다. 철망 너머로 펼쳐지는 평화로운 경치가 나의 마음을 사로잡았다.

어느 날 조용한 오후 시간이었다. 침상에 누워 있는 나를 몽둥이로 두드려 패듯 갑자기 하나님의 강한 책망의 음성이 들려왔다.

"이 멍청한 놈아! 네가 진정 나를 위하여 헌신하겠다고 작정한 자냐? 그렇다면 앞으로 너의 일생이 한 주밖에 남지 않았는데 왜 누워만 있느냐? 한 주간 동안이라도 나를 위하여 일을 해야 하지 않겠느냐?"

어떻게 생각해 보면 내가 누워 있고 싶어 누워 있는 것이 아니었다. 하나님이 나의 병을 고쳐 주시지 않아서 이렇게 누워 있는 것이 아닌가? 그러나 이런 불평스런 마음은 전혀 들지 않았다. 성령께서 나의 마음을 주관하시니까 그 동안의 나의 기도가 잘못되었다고만 생각이 들었다. 그래서 나는 그때 침상에 무릎을 꿇고 회개 기도를 드렸다.

"하나님, 그 동안 병을 고쳐 주시면 열심히 일하겠다고 한 것 용서해 주세요! 이제 남은 한 주간 동안 열심히 병든 몸이라도 주의 일을 하겠습니다. 주여, 새 힘을 주시옵소서!"

바로 그날 환자신우회 정기 총회가 열렸다. 환자 중에 기독교 신자들의 모임인 환자신우회가 결성되어 활동하고 있었다. 그래서 나는 중환자의 몸이지만 총회에 참석을 했다. 그런데 이게 웬일인가? 내가 그날 만장일치로 회장에 당선된 것이었다. 이제 일주일이면 죽을 중환자에게 회장을 맡긴 것이 사람들이 한 것이겠는가? 사람이 제비를 뽑아도 선택하시는 분은 하나님이라고 하지 않았는가? 남은 생애 일주일 동안 주의 일 하고 죽으라고 하나님이 허락하신 기회임이 분명했다. 나는 이것을 직감하고 겸허히 회장직을 수락했다.

그 당시 환자신우회 회장의 임무는 병원 원목과 같은 일이었다. 환자 중에 기독교 신자들을 방문하여 기도해 주고, 병원에서 환자들에게 전도하는 일이었다. 이제 나는 사는 날이 많지 않다. 일주일밖에 없으니까 남보다 더 열심히 일을 해야만 했다. 그래서 열심히 병실을 돌면서 사역을 했다. 그리고 죽기 전에 대심방을 하고 죽어야 하겠다고 생각하고 대심방을 진행했다. 각 병실을 돌면서 신자들을 방문하여 심방 예배를 드리는 것이었다. 침대 옆에 서서 찬송가 한 장을 다 부르도록 서 있기가 괴로운 몸으로 대심방을 하는 것은 나에게 무리였다. 그때 의사는 나에게 주문한 말이 있었다.

"서 있으려면 앉아 있고, 앉아 있으려면 누워 있어라."

많이 움직이는 것이 해롭다는 말이었다. 그런데 나는 이제 곧 죽을 것이고 죽기 전에 주의 일을 하고 죽겠다는 것이기 때문에 의사의 말을 지킬 이유가 없었다. 오히려 나는 반대로 했다. 대심방을 하면서 기도가 중노동이라는 것을 실감했다. 허리가 빠지는 것 같았다. 병실이 너무 많아 대심방하는 데 하루에 두세 시간씩 했다. 하루에 몇 시간씩 심방하는 것 자체가 나에게는 기적이었다.

게다가 선풍기도 한 대 없는 육군병원, 대구의 여름 날씨는 우리나라에서 알아주는 더운 날씨다. 그래서 돈을 거두어 부채를 사서 나누어 주었다. 부채에 성구를 써서 준 것이었다.

"동남풍아 불어라 서북풍아 불어라 가시밭에 백합화 예수 향기 날린다."

그리고 또 회비를 거두어 맛있는 것을 사서 중환자들에게 쾌유를 기원하면서 나누어 주었다. 그랬더니 같은 중환자의 입장에 있으면서도 자기들을 사랑해 준다고 감동을 받으며 너도 나도 "예수를 믿겠다."고 작정하는 사람들이 늘어나 주일 예배 때마다 신자의 숫자가 증가되었다. 정말 신바람이 났다. 그때에는 새벽에 기도하고, 낮에 심방과 전도하고, 밤에 모여 간증을 하는 일이 일과였다.

이렇게 열심히 전도하다 보니 몇 달이 지났다. 일주일이면 죽는다는 사람이 몇 달이 되어도 죽지 않은 것이었다. 죽지만 않은 것이 아니라 점점 몸이 좋아진 것이었다. 할렐루야!

일주일이면 죽는다고 선언 받은 날부터 지금까지 37년이 지났건만 죽지 않고 목사가 되어 건강하게 사역을 하고 있는 것이다. 할렐루야!

그래서 나는 '전도가 병 고침의 특효약'이라는 것을 체험한 것이었다. 다시 말하면 '전도는 건강의 특효약'이다. 전도하는 데 건강해야 하지 않겠는가? 그러니 하나님이 제일 기뻐하시는 전도를 하는 사람에게는 하나님이 그를 사용하셔야 하니까 병든 사람에게도 건강을 주시는 것이 당연한 일이었다. 특히 중병에 걸려서 일할 수 없는 병자는 특별 치료의 특혜를 얻을 수 있다. 그래서 나는 병든 신자들에게 늘 권고하는 말이 있다.

"내가 먼저 하나님께 쓰임 받는 사람이 되려고 노력하는 것이다. 그러면 하나님이 건강이 필요하시면 건강 주시고, 돈 필요하시면 돈 주시고, 사람이 필요하면 사람도 보내 주신다."

하나님이 신장을 고쳐 주셔서 신유의 능력으로 건강을 되찾아 37년 동안 목회자로서 일을 하고 있다. 그러나 나에게는 남모르는 고통이 있었다. 신장병을 앓은 이후부터 나타난 증세가 소변을 자주보는 것이었다. 밤에 잠을 잘 때도 중간에 꼭 깨어서 소변을 보고 또 잠을 잤다. 보통 두 시간 정도 지나면 소변을 보아야 한다. 어떤 때는 소변을 본 후에 30분이 지난 후에도 소변을 보아야 하는 때도 있었다. 그래서 여행을 할 때는 차 타는 것이 보통 부담이 되는 것이 아니었다. 그래서 나는 기차 여행을 좋아했다. 기차 여행이 낭만도 있기는 하지만 기차에는 화장실이 있기 때문이었다. 결혼식을 마치고 신혼여행을 부산으로 갈 때도 고속 버스 중에 화장실이 있는 그레이하운드를 타고 갔었다.

그뿐 아니라 소변을 참으면 신경에 이상이 생겨 화장실에 가서도 바로 소변이 나오지 않았다. 고속 도로 휴게실 화장실에 가서도 소변을 자유롭게 보지 못했다. 소변을 보려고 소변기에 서 있을 때 누가 뒤에서 기다리고 서 있으면 소변이 나오지 않는다. 그래서 나는 소변도 화장실에 사람들이 많이 있으면 여자들처럼 대변보는 곳으로 들어가서 소변을 보았다.

소변을 참다가 나중에 소변을 보려고 화장실에 가서도 소변을 마음대로 보지 못하고 한 시간 10분 동안 고생을 한 적도 있었다. 그러면 진땀을 바작바작 흘리고 얼굴은 창백해지고 그 고통은 당해 보지 않은 사람은 알 수 없다. 소변을 보려면 자극받은 신경이 안정을 찾아야 한다. 그러니까 상당한 시간이 걸리는 것이었다.

그때 깨달은 진리가 있다. 먹지 못하는 고통보다 큰 것이 배설하지 못하는 고통이다. 이와 같이 하나님께로부터 축복받지 못하는 고통보다 회개하지 못하는 고통이 더 큰 것을 깨달았다. 회개 못 하면 멸망당하는 것을 성도면 다 알고 있다.

한번은 밤늦게 서울에서 고속 버스를 타고 청주로 내려오고 있었는데 수원까지 오기도 전에 소변이 마렵기 시작했다. 그래서 참고

오는데 나중에는 도저히 참을 수가 없었다. 오줌통이 터지기 직전 같았다. 하는 수 없이 엉거주춤 걸어나가 기사에게 차를 세워 달라고 부탁을 했다. "기사님, 제가 소변이 급해서 그러니 저를 좀 내려 주시고 그냥 가세요." 마침 간이 휴게소가 나와서 기사가 차를 세워 주었다. 나는 차에서 내려 도로 밑에 세워진 간이 화장실로 내려가서 소변을 보았다. 소변을 보고 올라오니까 그 버스가 나를 기다리고 서 있었다. 한밤중에 나를 내려놓고 가는 것이 걱정스러웠던 모양이었다. 그래서 나는 너무 고마워서 청주에서 내릴 때 차나 한 잔하라고 약간의 돈을 주고 내린 적도 있었다.

남모르는 이런 고통이 있기에 나는 서울을 갈 때 고속 버스를 타지 않고 승용차를 타고 가는 경우가 많았다. 남모르는 고통을 하나님은 알고 계셨다. 그러나 이런 고통이 목회하는 데 지장이 되는 것은 아니었다. 여행 시에 좀 불편할 따름이었다.

그런데 내가 중국 선교를 시작한 후에 내 신체에 또 놀라운 역사가 나타났다. 중국은 관광지를 빼 놓고는 시골로 내려가면 화장실 문제가 심각하다. 중국에 갔을 때 지하 교회(가정 교회) 총회장이라는 분을 만난 적이 있었다. 그는 600만 명을 통솔하는 총회장인데, 지하 교회를 방문해 달라고 요청하면서 하는 말이 지하 교회도 여러 곳이 있는데 상, 중, 하 중에 중간에 해당하는 곳에 방문해 달라는 것이었다. 아주 하류에 속한 지하 교회는 데리고 갈 수가 없다는 것이었다. 그 이유는 화장실 때문이라고 이야기했다. 정말 어떤 곳은 화장실이 우리의 상상을 초월하는 화장실이 있기도 하고 어떤 곳은 아예 화장실이 없는 곳도 있다.

그뿐 아니라 중국에 가서 신학교에 가서 말씀을 가르치려고 가다 보면 기차 타고 10시간, 12시간 가는 것은 보통이었다. 자동차를 타고 7시간 정도 가는 것은 가까운 곳이라고 말할 정도니까 소변을 자주 보아야 하는 나에게는 소변보는 문제도 보통 문제는 아니었다.

그런데 나는 중국 가서 한 번도 소변 때문에 불편을 느껴 본 적이 없었다. 내가 중국 선교를 시작한 후부터 정확히 언제인지는 모르나 신체에 변화가 일어난 것이었다. 여섯 시간, 일곱 시간을 지나도록 소변을 보지 않아도 괜찮도록 하나님이 신체에 변화를 주신 것이었다. 이것은 나에게 보통 큰 축복이 아니었다. 하나님이 중국 선교에 지장이 되지 않도록 다 아시고 30여 년 동안 안고 있던 고통을 깨끗하게 해결해 주신 것이었다. 할렐루야!

그래서 또 한 번 외치고 싶은 말이 있다.

"선교는 병 고침의 특효약이다!"

건강을 원하는 사람들은 '선교는 건강의 특효약'이라는 것을 알고 선교하면 된다.

병원에서 전도하다가 죽을 병 고침 받고, 중국 선교 하다가 30년 이상 불편을 주던 신체가 건강하고 평안하게 변화를 받는 축복을 받았으니 어찌 가만히 있을 수가 있겠는가? 나는 약장사처럼 큰 소리로 외치고 싶다. 인기 연예인들처럼 제약회사로부터 거액의 돈 받고 약을 선전하는 것이 아니다. 하나님께로부터 수백억보다 더 큰 은혜를 받았기에 외치고 싶을 뿐이다.

"고질병으로 고생하시는 분들이여! 선교는 병 고침의 특효약입니다."

"찜질방에 가는 것보다 선교의 현장으로 달려가세요!"

"옥매트, 옥사우나, 옥방석, 옥! 옥! 하지 말고, 예수 구원! 예수 구원을 외쳐 보세요!"

"건강 기구 거액 주고 사는 것보다 선교비로 거액을 사용해 보세요!"

선교의 현장에서 뛰는 사람은 자신도 모르는 사이에 건강한 육체를 가진 전도자로 우뚝 서게 될 것이다. 그리고 간증거리가 줄줄이 이어질 것이다. 선교의 묘약을 모르는 신자는 불쌍한 신자다. 선교는 건강의 특효약이라는 것을 체험한 사람이 무슨 말을 하겠는가? 오직 하나님께 영광을 돌릴 뿐이다. 할렐루야!

허리 아픈 것이 나았어요

2002년 4월 22일 교단의 책임을 진 위원들이 중국 북경행 비행기를 탔다. 중국에 세워진 신학교를 방문하여 학생들을 격려하며 신학교 운영에 관한 전반적인 것을 실사하는 임무를 띠고 가는 것이었다. 4명의 일행 중에 내가 일행을 인도하게 되어 다른 때보다 신경 쓰이는 부분이 많았다. 그 이유는 동행자 중에는 70세가 된 장로님과 67세 되는 장로님이 계셨고, 건강에 조금 걱정되는 목사님이 동행하셨기 때문이었다.

북경에 도착을 하면서 신경 쓰이는 문제가 하나 둘 발생하기 시작했다. 동행한 장로님 한 분이 허리가 아파서 고생하는 분이 계셨다. 그래서 전에 다른 나라 선교지를 방문했을 때도 허리가 아파서 고생을 많이 하셨다면서 침대방이 아닌 온돌방을 숙소로 배정해 달라는 것이었다. 아픈 허리 때문에 침대에서 자는 것이 무리가 되었기 때문이지만 중국 호텔에는 온돌방이 없었다. 심양의 일반 숙소에는 한국인들 때문에 온돌방이 하나 정도 있는 곳도 있지만 북경 호텔에는 온돌방이 없었다. 그러니 어떠하겠는가? 하는 수 없이 침대에서 잘수밖에 없었다.

밤늦은 시간에 사람들의 눈을 피하여 북경신학교를 방문했다. 북경에서 좀 떨어진 외곽 지대에 공장 건물이 있었다. 그 안에서 교육을 받고 있는 것이었다. 그곳에 도착하니 전깃불 하나 없이 캄캄했다. 정보원이 몰래 침투하듯이 대문을 열고 급히 건물 안으로 들어가자 모기 소리만한 찬송 소리가 들려왔다. 지하실로 안내받아 내려가니 그곳에 20여 명의 지도자들이 모여 찬송을 부르고 있었다. 그들은 신학교 강사 교육을 받는 중국 가정 교회 지도자들이었다. 눈에 익은 성령의 불덩어리 같은 사역자도 있었다. 그날 밤 그들과 함께 은혜로운 초대 교회적인 예배를 드렸다.

성령 충만한 시간을 보내고 좌우를 살피며 그곳을 빠져나왔다. 꼭 전쟁터에서 전쟁하는 것을 방불케 했다. 하기야 공산 세계에서 영혼을 구원하려는 영적 전쟁이 아닌가? 함께 간 일행들은 아슬아슬한 분위기와 중국 사역자들의 열정적인 모습과 눈초리를 보면서 초대 교회의 모습을 보는 듯 은혜의 분위기에 빠져 들어갔다.

다음 이틀 동안 북경의 관광지 만리장성을 비롯한 용경협, 자금성,

천단공원, 이화원 등 몇 군데를 돌아보았다. 만리장성에 오를 때 허리 아픈 장로님 때문에 걱정을 했다. 나는 걱정이 많았다. 앞으로 우리가 가야 할 곳은 내몽고와 산시 두 곳이 더 있었다. 그러니 차도 많이 타야 하겠고, 자동차를 타고 긴 시간 가야 할 일도 있기 때문이었다. 그러니 허리가 아픈 분이 어떻게 털털거리는 차를 타고 몇 시간씩 갈 수 있겠는가 말이다. 그래서 북경에서 내몽고 가는 것도 기차로 가도록 계획이 되어 있는 것을 변경하여 비행기로 갔다. 기차이긴 하지만 허리 아픈 분이 10시간이 넘는 긴 거리를 여행한다는 것이 힘들 것 같아서였다. 그래서 오는 것만 기차로 오기로 하고 비행기를 타기로 한 것이었다. 밤 비행기를 타고 내몽고에 도착하여 숙소인 호텔로 들어갔다. 여행이 진행되면서 일행들의 주문하는 것이 하나 둘 더 생겨서 나를 곤혹스럽게 했다.

짧은 기간 동안에 여러 군데의 신학교를 돌아보려니 시간이 넉넉지 못했다. 그래서 내몽고에 가서도 신학교를 방문하여 머무는 시간이 기차 시간 때문에 세 시간 정도밖에 되지 않았다. 우리도 먼 거리를 가서 세 시간밖에 머물지 못해서 안타까워했지만, 그보다도 그 신학교의 총책임자 되는 지도자는 우리가 하루 종일 머물면서 교재를 가지고 강의를 해 주어야 한다고 떼를 썼다. 베드로처럼 생긴 그 지도자는 약간의 신경질을 부리면서 우리가 세 시간 동안 머무는 것을 용납하지 않았다. 그래서 하는 수 없이 우리는 그날 그곳에서 하루를 보내기로 하고 그 지도자의 안내를 받으며 산시에 가는 시간을 조정했다.

다음날 아침 일찍 내몽고신학교로 갔다. 비밀이 보장될 만한 좋은 장소에서 신학교 교육을 하고 있었다. 신학교에 들어가니 이중창으로 되어 있어 밖에서는 찬송 소리가 들리지 않지만 안에서는 찬송 소리가 힘차게 들려왔다. 이층으로 올라가니 강의실이 있었고, 30여 명 정도의 청소년 학생들이 찬송을 부르고 있는데 은혜가 충만했다. 내몽고 지도자들은 원래가 성령 충만한 사역자들이었다. 예수님 때문에 감옥에 들어갔던 경력이 대부분 있는 사람들이었다. 영성이 강한 지도자들이기도 하지만 한국에서 특별 손님들이 오신다고 하니까 더욱 열정적인 찬송으로 분위기를 잡아 갔다. 찬송 소리만 들어도 박수를 따라 하며 어깨가 들먹일 정도였다. 성령 충만 그대로였다.

우리를 환영하는 특별 프로그램이 준비되어 있었다. 지도자인 한 자매가 우리를 환영하면서 그곳 신학교를 자세히 소개했다. 그가 소개하는 말에도 우리 일행은 큰 은혜를 받았다. 그리고 이어서 특별 순서가 진행되었다. 학생들이 몇 명씩 그룹을 져서 찬양과 율동, 춤을 추며 대대적으로 우리를 환영해 주었다. 특별히 마음먹고 준비를 한 듯하다. 30명이 넘는 학생들이 골고루 모두 나와서 찬양과 율동을 했다. 방문한 우리 일행도 한 사람씩 차례로 나가서 찬송을 불렀다. 나는 중국 찬송을 몇 가지 알고 있기 때문에 학생들과 함께 힘차게 찬송하며 삼층천까지는 못 되어도 어느 정도의 은혜로운 지경에 도달하는 은혜 충만한 시간이 이어졌다. 동행한 목사님에 의하여 은혜로운 말씀도 선포되었고, 그날 저녁까지 그들과 함께 은혜로운 시간을 가졌다. 우리 일행은 그들과 함께 은혜를 충만히 받았다.

그들의 하루 일정은 스파르타식 교육 같았다. 새벽 4시 반에 일어나 새벽 기도회를 하고, 그 다음 말씀 묵상을 하고, 아침 식사를 한 후에 4시간 강의를 듣고 점심 식사를 한 뒤 한 시간 성경 암송 시간을 갖고, 오후에 4시간 강의를 듣고, 저녁 식사를 한 후에 집회를 한다. 그들이 먹는 음식은 너무 빈약했다. 주방을 둘러본 장로님은 빈약한 음식을 보고 또 감동을 받으셨다.

그날 내몽고에서 하루를 쉬고 다음 날 아침 일찍 봉고 같은 소형 시외 버스를 타고 4시간을 달려 산시에 도착하게 되었다. 그런데 놀라운 간증을 듣게 된 것이었다. 털털거리는 버스를 타고 몇 시간을 달리는데도 허리 아프다는 장로님이 아프다는 말씀을 하지 않는 것이었다. 어찌 된 일일까? 그 장로님의 말씀이 내몽고신학교에 방문했을 때 은혜로운 시간에 아픈 허리가 깨끗이 나았다는 것이었다. 할렐루야!

그래서 장로님은 전날 밤에 호텔에서 주님의 은혜가 너무 감사해서 마음속으로 우셨다는 것이었다. 그 장로님은 모든 여정을 다 마치도록 조금도 몸에 이상이 없었고, 은혜의 강물에서 헤엄을 치고 계셨다. 입에서 나오는 말씀마다 은혜로운 말씀만 하셨다. 진정 선교의 현장은 역사의 현장이요, 기적의 현장이다.

정말로 선교 여행은 재미가 있다. 간증거리가 이어지는 선교 여행, 선교는 하나님의 선교다. 70세가 되신 장로님은 은퇴 후에 중국에서 와서 선교하고 싶다고 강한 의지를 보이셨다. 지나가는 말로 하는 것이 아니고 진실로 말씀하시는 것이었다. 하나님이 하시는 것을 누가 막겠는가? 모든 영광을 하나님께 돌릴 뿐이다.

"하나님께 감사와 찬송과 영광을 돌립니다! 할렐루야!"

1호 목사의 감격

2002년 7월 15일 새벽 5시, 새벽 기도회를 빨리 마치고 청년들과 함께 미니 버스를 탔다. 한중 연합 청소년 수련회에 참석하기 위하여 대만에 가려고 인천국제공항을 향해 출발한 것이었다. 비가 온다고 일기 예보가 되어 있었으나 언제나 우리 교회 행사 때마다 비를 멈추게 하셨던 하나님이 축복하셔서 비가 내리지 않았다. 청년들은 대만에 간다는 마음에 들떠서 왁자지껄 떠들어댔다. 비는 내리지 않지만 매우 흐린 날씨였다.

창밖을 내다보는 나에게 옛날 대만에서의 청소년 수련회 광경이 주마등같이 지나갔다. 그토록 율동을 하며 찬송을 잘 부르던 학생들, 눈 부위가 특히 예쁜 원주민 청소년들이 손을 흔들며 "我愛你(워 아이 니!)"(나는 당신을 사랑합니다) 하며 외치던 소리, "핑안! 핑안!" (平安) 하며 까불며 인사를 하던 예쁜 청소년들, 통성 기도 시간에 눈물을 흘리며 소리 높여 기도하던 청순한 청소년들의 모습이 생생하게 떠올랐다. 나는 나라와 상관 없이 청소년이면 누구든지 좋다.

처음 대만에 가서 청소년 집회를 인도했을 때 원주민 청소년들을 바라보면서 청소년들에게 예수의 복음을 심어 주어야 하겠다고 가슴이 뜨거워 선교열에 불타던 때가 생각났다. 대만 청소년들에게 미치다시피 하며 여름방학, 겨울방학 계속해서 달려가서 복음을 전했던 옛날을 회상해 보았다. "뭐든지 이루려면 미쳐야 돼!" 보고 싶은 대만 청소년들을 또 보러 가는 것이었다. 기분이 참 좋았다.

나는 대만에 여러 차례 갔으나 이번 대만 선교 여행은 남다른 감격이 있다. 그 이유는 약 7년 전쯤 대만 푸농족 청소년 수련회를 인도한 적이 있었는데, 그때 밤 부흥회 중에 하나님께 헌신할 사람 앞으로 나오게 하여 기도를 해 준 적이 있었다. 나는 항상 청소년들이 일찍 하나님께 헌신을 작정하고 준비하여 교회의 좋은 일꾼이 되기를 바라는 마음을 갖고 있기 때문이었다. 교회의 지도자는 청소년 때부터 정해져야 한다는 것이 청소년 목회 경험에서 얻은 나의 지론이기도 하다. 목사도 청소년 때부터 작정하여 준비해야 한다. 청소년 때는 마음이 순수하여 마음밭이 옥토와 같다. 그래서 믿음을 정립하기가 제일 좋고, 어린이교회학교, 학생회, 청년회를 거치면서 교회의 생리를 알게 되어 교회의 참 목회자가 될 수 있다. 그래서 청소년 집회 때는 으레 헌신 요청의 시간을 갖는다.

한번은 대만 청소년 수련회 때 말씀을 전하는 중에 장래의 소망이 무엇이냐고 물은 적이 있었다. 그런데 안타깝게도 한 사람도 장래의 소망을 확실히 정한 사람이 없었다. 원주민들은 우리나라 옛날 상놈처럼 취급을 받아 괄시를 당하여 국가의 높은 자리는 차지하지 못한다고 한다. 그러니까 큰 꿈이 없고 적당히 살다가 가면 된다는 식의 사고방식을 가진 것 같았다.

그래서 그날 나는 설교를 하면서 큰 믿음과 비전을 가질 것을 가르치고, 하나님이 주신 지상 최대의 명령인 세계 선교에 앞장서서 헌신

하는 사람이 되자고 역설을 했다. 그리고 앞으로 하나님께 헌신하기로 작정하는 사람은 손을 들라고 했다. 그러면 특별히 기도해 주겠다고 했더니 13명이 헌신하기로 작정을 해서 간절히 기도해 준 적이 있었다. 헌신자가 많이 나온 것에 대하여 나는 무척 기뻤고, 훗날 그들이 대만 원주민 교회의 훌륭한 지도자가 될 것을 의심 없이 믿었다.

그런데 대만에서 원주민 선교를 하는 김윤희 선교사가 이번 한중 청소년 연합 수련회에 대한 것을 의논하면서 나에게 아주 기쁜 소식을 전해 주었다.

"구 목사님, 목사님이 전에 청소년 수련회 때 헌신 작정을 시켜 작정을 한 학생 중에 목사 1호가 탄생했습니다. 그 목사가 이번 청소년 연합 수련회에 참석할 것입니다. 그런데 그 목사가 구 목사님이 이번에 강사로 오신다니까 벌써부터 흥분하고 있습니다."

헌신을 작정하고 신학교에 들어간 학생이 여러 명 있는데 그 중에 목사 1호가 탄생했다고 기쁨으로 소식을 전해 주었다. 그 말을 들은 나는 하늘을 나는 것처럼 기뻤다. 이것이 청소년 집회를 인도하는 목사의 보람이 아닌가! 진정 소리 높여 외치고 싶다. 할렐루야!

대만 대동(合東)에서 푸농, 한국 청소년 연합 수련회(布農, 韓國靑少年聯合福音營)가 은혜롭게 시작되었다. 130명의 푸농족 청소년들과 한국에서 간 우리 교회 청년 8명과 함께 첫날부터 은혜 충만한 가운데 수련회가 진행되었다. 대만 특유의 푹푹 찌는 날씨, 습도가 많아 짜증이 날 정도의 더운 날씨지만, 청소년 수련회는 날씨와는 상관없이 은혜로 무르익어 갔다.

드디어 목사 1호가 나타났다. 덩치가 좋고 거무스레한 피부에 건장해 보이는 젊은 목사, 그를 보는 순간 옛날 생각이 떠올랐다. '옥토에 뿌린 씨앗' 이 열매를 거두었구나 생각하니 가슴이 벅차올랐다. 너무 신바람이 났다. 뛰고 싶고, 춤추고 싶고, 몇 시간이고 찬송을 소리 높여 부르고 싶었다. 이 감격! 그 동안 대만에 와서 더운 여름에 진땀을 뺀 것이 헛되지 않고 좋은 열매를 거두었다는 것을 생각하니 그 동안의 모든 피로가 다 사라지는 것 같았다. "오, 이 기쁨!"

수요일 청소년 수련회를 마치고 푸농족 여러 교회를 방문하며 교역자의 보고를 받고 중보 기도해 주는 시간이 있었다. 여러 교회를 방문하고 얻은 기쁨이 또 하나 있었다. 그 목사 1호가 목회하는 교회를 방문했을 때 내 마음을 기쁘게 한 것이 있었다. 그 동안 여러 교회 목사님들이 보고하는 말씀 중에 그 목사 1호가 보고하는 목회 계획과 비전이 다른 목회자의 목회 계획보다 제일 활기차고 체계가 있고 확실했기 때문이었다.

분명 그 교회는 크게 부흥될 것이 확실했고, 그 목사는 대만 교회의 위대한 지도자가 될 것이라는 확신이 왔다. 평소에 부르짖은 나의 소신이 있었다. 한국 교회도 마찬가지지만 특히 해외 선교도 청소년들부터 복음화시키고 잘 훈련하여 예수의 특공대를 만들어야 한다는 것이었다. 나의 소신에 무게를 얹어 주는 일이 지금 대만에서 벌어지고 있는 것이었다.

목사 1호를 바라보면서 이토록 좋은 목사를 세우기 위하여 7년 전에 나를 대만에 보내시고 땀 흘려 청소년들에게 복음을 전하게 하신 하나님의 깊은 뜻을 깨달으면서 하나님의 치밀하신 섭리, 일점 일획도 어긋남이 없이 진행하시는 하나님의 역사에 또 한 번 박수를 보내드리고 싶다.

"롱야오 주 예수!" (주님께 영광!)